おばあちゃんがボケちゃった！

主婦のありったけ必殺裏ワザ集

斯《し》波《ば》 道《みち》子《こ》 著

ハート出版

おばあちゃんがボケちゃった！

【カバーデザイン】アレゴリイ
【カバーイラスト】よなみね佐乃
【本文イラスト】　森生文乃

プロローグ

わが家のおばあちゃん、私の姑は現在九十三歳。バリバリの痴呆老人。ほとんど完成品に近い。

現実の一切合切を超越し、己の世界に漂っている。肉体的な不快や不調がない限りはおおむね平和で、穏やかな顔をしている。基本的に体はすこぶる丈夫で、快食快便、肌の色つや、体の肉づきも極めてよく、力は強く、声は大きく、話しぶりは達者でよく笑い、それほどボケているようには見えない。

しかし、その一見達者な話しぶりも内容は支離滅裂。唐突《とうとつ》で脈絡がなく、何のことを言っているのか人にはわからない。同時にこちらの言っていることも、まったくといってよいほど理解しない。要するに意思の疎通が図れないのだが、そのことの認識もない。よって彼女にとっては何の不都合もなく、相手や内容に関わりなく、しゃべりたいことだけをしゃべる。

　言葉に限らず、日常生活のあらゆる物事を認識しない。よって生活の能力も皆無に近く、二十四時間介助して生活をさせる。そしてもちろんそのことをも認識しない上に、片時も記憶するということがないから、悪びれることもなく、赤ん坊のようだといえないこともない。しかし、怒られれば負けずに怒り返すし、勝手な思いこみで怒りだしたり皮肉を言ったりするのだが、その言い方たるやなかなか健在で、私を十二分《ぶん》にムッとさせる。そこが赤ん坊と決定的に違うところだろう。

　さて、ここまで記したのは現在のおばあちゃんの状態であり、前からこうなのではない。

　ボケてしまったおばあちゃんと同居を始めて六年になるのだが、そのちょうど中間のあたりで大腿部を骨折して、手術・入院をした。その三ヶ月半の入院を境にして、入院以前、入院以後とおばあちゃんの状態は大別される。

　入院以後は車椅子の生活になってしまったのだが、歩く自由と引き替え

プロローグ

に精神の平和を手に入れたように見える。入院以前にはよく見られた妄想は影を潜め、そして猜疑心にとらわれることもなくなった。大きな声で歌いたいときに歌い、しゃべりたいときにしゃべり、ほろ酔い気分の如くに陽気なときが多い。これらは明らかに後退であるのだが、おばあちゃんにとって、入院の前と後とどちらが幸せなのかはよくわからない。

しかし、介護する側の私にとっては、入院以後のほうが格段に楽になったと言える。日常生活の一部始終を介助する今は、一見手が掛かりそうだが、介護が具体的になった分だけ実は楽になった。

本当に大変だったのは、入院前の二年半、とりわけその前半の頃である。今思えば、おばあちゃんを迎えるまでは、気楽な核家族だった二十年。覚悟はできていたとはいえ、別人になってしまったおばあちゃん、理屈というものがまったく通らなくなってしまった人を交えての生活は、想像を絶する大騒動だった。すべてが初めてで、まさに暗中模索、試行錯誤の連続。予想だにしない行動に仰天し、振り回された。

入院前の二年半を中心に、おばあちゃんがやってきたときの様子や、その導入の時期、当時の驚き、焦り、空回り、絶望、そして救い……と、そんな降って湧いたようなわが人生最大の窮地と思われた日々のことを思い返して書いてみようと思う。

当時とは違った局面を迎え、とりあえず落ち着いている今、入院以前の暮らしはほとんど過去のものとなった。その最中には思いも寄らなかった〝書く〟ということを、今やってみたいと思っている。

一口に痴呆症といっても、その現れる症状は千差万別。おそらく人生の数だけあるのだろう。おばあちゃんの場合は、その中のほんの一例であるが、痴呆症の核を成すものはそう違いはないのではあるまいか、と思っている。

現在、介護をされている方、痴呆症の人が身近にいらっしゃる方、あるいはそうした心配が現実に迫っている方などに、この本が幾ばくかの参考になればと願っている。

もくじ

もくじ

第五章　おばあちゃんと私の新たな出発　153

序章　おばあちゃんがボケちゃった？

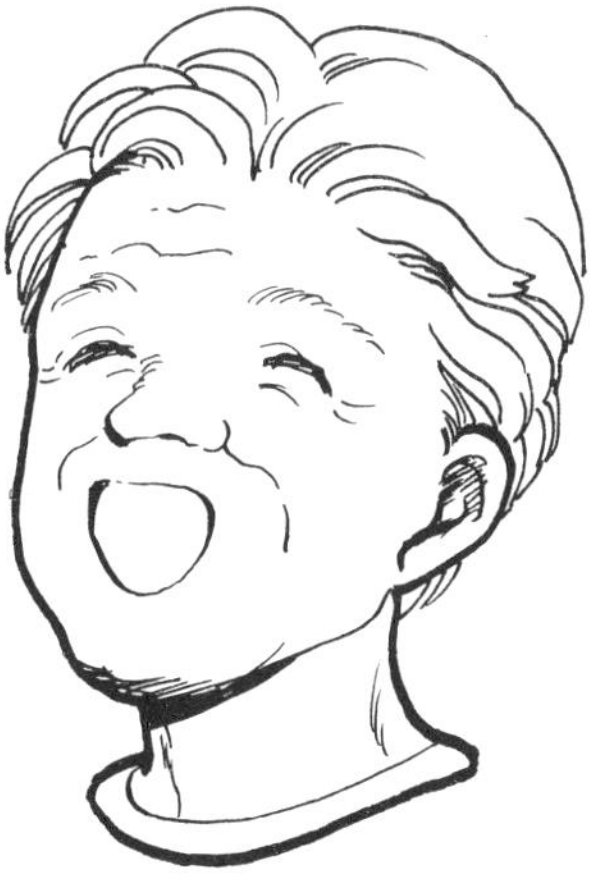

それはこっそりと紛れ込む

嫁は冷静な第三者

同居を始めたのが六年前。ボケが始まったのは、それよりさらに三年ほど前だろうか。ボケの兆しを最初にキャッチするのは嫁である。いつまで経ってもなかなか認知できないのが息子。嫁である私は、姑に対して格別の思い入れはない。よって、冷静だからよく見える。

年齢と共に注意力、判断力、理解力が落ちてくるのはごく当たり前のこと。こちらが能力以上のことを期待しなければよいのだから、別段不都合はない。記憶力の減退に関しては本人も自覚しており、大いに悩みの種になるようであるが、こまめにメモするとか、カレンダーに大きく印をつけるとか、周りの人間も気をつければ何とかカバーできる。本人が物忘れのひどさを嘆いているうちは安全圏である。反応が遅いとか、自己中心的で気が利かないとか、そんなことは年寄りの特権と思えばいい。

ある時点でギョッとさせられる瞬間がある。最初は日常生活の些細《ささい》なことである。母親に対してはめっぽう善意な息子など見逃してしまう。

単なる物忘れや勘違いでは出てくるはずもない言葉を吐いたり、行動をとったりする。常日頃の「またか」とあきれさせられるような老人特有の言動とは明らかに違う。「えっ、何言ってるんだろう？」と耳を疑ってしまうような、ひどく奇異な感じを受ける。一瞬、幽霊を見たような……とでも言えばいいか。

例えば「あら、また財布がこんな所に。まったく油断もスキもないわね」と私の顔をチラリ。また、真っ黒になった化学雑巾のモップを持ち、仏間の畳をほうきの構えでシャッシャッと掃き掃除をすることもあった。

継続的にそうであれば誰が見ても「おかしい」と思うだろうが、初めのうちはさりげなく日常に紛れ込む。普段はいつもと変わらない。日中でもウトウトが出るときとか、夜眠くなってくる頃に顔を出す。そして徐々にその頻度が高くなっていく。

しかし、お客が来たり出かけたりと、緊張感があるときはしっかりする。また、病院に行ったときとか、たまに会う息子の前では特にしゃきっとなる。

結果、いち早くおばあちゃんの変化に気がついた私が夫にそのことを話すと、まるで的はずれの言葉が返ってきた。

「俺だって忘れるんだから」

　とか、

「本当にそうだったんじゃないの」

とか。それ以上言ったら、嫁の悪意と決めつけられかねない。馬鹿馬鹿しいので話すのはやめた。

　母親がボケたなんて考えたくもない気持ちはわかるが、それでは済まないではないか。ほっといても思い知らされる日が遠からず来るのは確実だ。

　おばあちゃんはおじいちゃんが亡くなってからはひとりで暮らしていた。周りの心配をよそに、なんとしてもひとりで暮らしたいという彼女の主張を尊重したのである。その時すでに七十九歳だったが、見かけはせいぜい七十歳くらい。体は丈夫で足腰も強く、何より気持ちが若い。夫にしてみれば、すぐにでも自分のところに連れてきたいところであったが、彼女にとっての幸せを考え、「丈夫なうちは」と見守ることにした。当時は誰一人、彼女がボケるとは思いもしなかったのである。

そしてじわじわと浸食する

「まだらボケ」をキャッチせよ

そしてほぼ六年間、おばあちゃんは思い通りに暮らした。盛んに友達と行き来をし、趣味の講座などにも積極的に参加、八十二歳でハワイ旅行と、余生を謳歌しているかのようであった。もっとも、近くに夫の姉夫婦が住んでいて、つかず離れずきめ細かにおばあちゃんを助けてくれたのであるが。夫の姉といっても二回り以上年の離れた腹違いの姉で、後妻に入ったおばあちゃんが生んだのは私の夫一人だけである。

そんなおばあちゃんの生活にかげりが見え隠れするようになったのは、八十五歳くらいの頃である。おかしな言動に近所の人や友達も、時折気がつくようになってきた。最初は「アレッ、どうしたのかな」程度であるが、徐々に確定的になってきた。

ボケ始めの頃というのは、**正常な部分とボケた部分とが同居**しており、その時々によって勢力のバランスが違う。だから、さっきは何だか変だったけれども今は普通、あれは何だったんだろう、といった感じ。**まだらボケ**というのだそうだ。よくよく身近な者でないとわかりにくい。今までごく普通だった人が、今まで通りの普通の顔をして話すのだから、わからないのが当然。なんか変だなと感じても「まさか」と打ち消してしまう。

ちょうどこの時期、私たち家族は転勤でおばあちゃんの近くに住むことになった。たった半年間だったが、その間、私は頻繁におばあちゃんの元に通い、ボケの導入部をつぶさに観察することになってしまう。そしてじわじわと危機感を募らせていった。

ボケと物忘れの違い

まず度を越した物忘れが始まる。当然物忘れなど誰にでもあり、実は私などその最たるものなのであるが、歳と共にひどくはなっても、指摘されれば最悪「忘れた」という事実は思い出す。もしくは「言われてみればそうだったんだろうなぁ」と不承不承にも認めざるを得ない。必死で記憶をたどり、結局ため息をつくことになるのが普通だ。

ところが、ボケを境に、それをまったく認めなくなるのである。忘れたことを思い出そうと努力する様子もなく、初めて聞いたとサラッと言ってのける。あげくに「私には誰も教えてくれなかった」とくる。

例えば、自分の息子が転勤で近くに住んでいることを忘れてしまい、「だってアンタ教えてくれないんだもの。いつからなの。あらそうだったの」とそんなことあるわけないだろうということを平気で口にする。「だったら嫁の私が今ここにいるのはなぜなの？　千葉から毎日のように来られるわけないでしょ」とそこまでは考えない。

とはいえ、ちゃんとわかっているときもあるからややこしいことになる。いずれにしろ、本人は**物忘れの恐怖**からは解放されることになるが、**誰も私には教えてくれない、私の知らない話をしているという疎外感**は蓄積されていくように見える。

独居に忍び寄る危険

冷蔵庫の中にはいつのものとも知れない品が積み重なっていく。「お母さん、どうしたのこれ」と聞くと、「へぇー、そんなもの入っていたの。全然知らなかった。このごろ不思議なことにいろんなものが入っているの。いつの間にか誰かが入れてくれるの。ありがたいねぇ」なんて言う。初めのうちは「そうか、お姉さんかな。それにしても次から次へと生ものばかり。食べきれないだろうに。友達が持ってきてくれたものとダブったのかな。おばあちゃんったら誰から頂いたのかも忘れちゃうんだから」とやり過ごしていた。

しかし、そんなことが度重なるとさすがに変だと感じ始める。あちこち確かめてみると、案の定、おばあちゃんが自分で買っているのだった。食べる量に比して買う量が多いので溜まる一方。そして鮮度などおよそ頓着せずに食べてしまう。もともと年寄りは捨てるのが嫌いだからとんでもないことになる。

ここは私の出番である。

使命感に燃えて、行くたびに冷蔵庫の中を点検して、古いものを片端から捨てにかかった。幸い何を入れても何を捨ててもおばあちゃんは気づかない。ただし、彼女の目を盗んで。さすがに嫁に勝手に冷蔵庫をかき回されるのは気分の悪いものだろうから。

料理などからも日を追って遠のき、たまに思い立ったように料理をしたらしい残骸が目立つようになる。真っ黒に焦げついて手のつけられなくなった鍋である。そんなこんなでおばあちゃんのことを気遣ってくれる友達や、姉や私が入れ替わりに料理を運び、できる限りおばあちゃんが台所に立たなくてすむように仕向けた。

姉には義母に対する遠慮があり、物事をドライに割り切ることができない。年齢のせいもあるのだろう。その点、私は平気だから、極力危険を排除にかかった。もちろんおばあちゃんのプライドは損なわないように、それだけは気を配った。台所の怪しげなものはどんどん捨て、腐らせてしまうであろう生ものは持ち帰って料理したものを持っていく。揚げ物をしようなどという気を起こされたらえらいことなので、油は台所から消し去った。

家の中のあらゆるところに埃が目立ち、洗濯物は見かけなくなった。それでも足腰は丈夫で、どこへでも歩いていき、人と話をするときも特におかしい様子も見えない。ただ、三人以上の会話になるとだんだんつまらなそうな顔つきになってくる。自分が会話の中心になっているときは機嫌よくしているが、そうではない話の輪に入って楽しむことができない。会話についていけなくて、何を話しているのかわからなくなるようだ。退屈して「さあ帰りましょうか」と周りの状況などお構いなしでソワソワしだす。

そんなこんなで、**ちょっとおかしい**ことが家族だけでなく、周囲の目にもことあるごとに見えてくるようになり、みんなハラハラしだし、落ち着かなくなってくる。そうなってくると、もう本人がなんと言おうと独りではおけなくなる。一番の不安は失火である。ある時、電気釜を釜ごとガスにかけた。幸い大事には至らずにすんだが、このことが彼女のひとり暮らしにピリオドを打たせる引き金になった。

なす術《すべ》もなく飲み込まれる

矛《ほこ》先は身近な他人

その頃、私たち家族は再び転勤で千葉に戻ることになってしまう。話し合いの結果、姉夫婦がおばあちゃんの元で一緒に暮らすこととなった。いわゆる老老介護である。健康面では何の問題もなかったが、精神面のケアはもっと大変なことであった。それでもまだその頃は、今まで通りの環境に置くことが何よりの彼女の幸せと信じていた。

極度な物忘れが高じると被害妄想につながってくる。典型的なボケの症状である、**誰それがお金を盗ったという思いこみ**に、おばあちゃんも完全にとらわれてしまった。

一人になると決まって通帳を広げている。自分で銀行に行ってお金をおろしてくるのだが、まったく記憶にない。しかも、その現金を奥深くとんでもないところに隠してしまい、それも記憶にない。**記憶にない**は、**やっていない**に直結する。にもかかわらず通帳には出金の記載があるし、現金はないのだから、**誰かがやった**と結論づけないと収まらないのだろう。それが現実的か否か、などと言うことは問題ではない。「誰かに盗られた」との被害妄想は日に日に膨らみ、貴重品隠しに腐心することになる。その**誰か**とは最も身近な人間であり、嫁などは条件の整ったダントツの候補者なのである。もちろん私も例外ではなく、千葉に帰ってきてからも「アンタ今日私の通帳持っていかなかった？」などと、電話を取るなり言われ、唖然としたことが何度かあった。

そんなおばあちゃんを姉夫婦に託して私たちは千葉の習志野に帰ってきたのである。

それから二年間、姉たちに気の休まる日はなかったはずだ。

ボケは徐々に深まり、連日おばあちゃんは財布やら通帳やらの物探しに周りの人間を振り回す。かと思うと、嫁いでからずっと、五十年近く住んでいる自分の家にいながら、「じゃ私は帰りますから。どうもごちそうさまでした」と言って風呂敷包みなど抱えてどこかへ行こうとする。

とてもおだやかな表情と、憑かれたような表情や険しい表情が同居していてコロコロ変わる。生真面目《き》で律儀な姉たちは、きっといちいちまともに相手をしていたのではないかと思うと胸が痛む。エンドレスの持久戦で、真正面から応戦していたのでは、ボケている者には絶対に太刀打ちできない。実りのない消耗のあげくに疲れ果てるだけである。

そんなおばあちゃんの元には友達の足も次第に遠のき、当然行動範囲も狭まり、営々と築き上げてきた彼女の生活環境の持つ意味も薄らいでいった。そして何より、予想外のボケの展開が、田舎で暮らさせるという基本方針を覆させた。老齢の姉夫婦が見るには、すでに限度を超えていたのだ。

かくして、我が家の上の子の高校受験が終わるのを待ち、おばあちゃんを習志野に連れてくる決断をした。

第一章　おばあちゃんがやってきた

自覚なしの浦島太郎

返事と理解は比例せず

ついにその日が来た。私は完全に腹をくくった。これ以上姉夫婦に苦労をかけることは絶対にすまいと決心し、迷いはもうなかった。夫と車で迎えに行く。

田舎を発つとき、親しくしてもらっていた人たちを一軒一軒訪ねて別れの挨拶をした。万感の思いを込めて挨拶する夫とは対照的に、

「ちょっと行って来るからね。アッハッハ。どうぞまた遊びにいらしてくださいね」

とトンチンカンで軽いタッチのおばあちゃんの挨拶。

「今日からは習志野の俺の家でずっと一緒に暮らすんだよ。習志野が母さんの家になるんだよ」と何度説明してもわからない。そのたびに「あらそう」とわかっていないに違いない軽い返事をする。出かけるのは好きだからルンルンしている。

わかっていようがいまいが、連れていってしまえばこっちのもの。あとは何とかなるだろう。荷物の発送を姉に任せて、とにかく習志野に向かった。

見るもの聞くものすべてが「初めて」

さて家に着き、子供たちが出迎える。「あら、あんたたちも来たの。よくここがわかったわね」とおばあちゃん。子供たちはキョトンとしてしまって、二の句が継げない。

「何を言ってるの。ここは俺の家。今日からは母さんの家なんだよ」と夫。

「ええっ、アンタの家。ちっとも知らなかった。いつからここになったの」

「知らないわけないだろう。もう十二年になるよ。母さんだって何回も来てるじゃないか」

「何言ってるのよ。私は初めてです。こんなところに移ったなんて教えてもらってないもの。見たことも聞いたこともありません。まったく人をバカにして」

二人ともますます声が大きくなっていく。

この〈**不毛なやりとりその1**〉が、この先、日に何度となく繰り返されることになる。今思えば、なんとバカなことをと言えるが、その頃は順を追って噛んで含めるように繰り返し繰り返し説明すれば、きっとわかるに違いないと信じていたのである。しかし、それが功を奏したことは結局ただの一度もなかった。

帰ろうとするのは親の元

しばらくするとおばあちゃんは立ち上がり、

「さあ、そろそろ帰ろうかな。ごちそうさま」

「どこに帰るの。今日からはここが家なんだから帰らなくていいんだよ」と夫。

「黙って出かけて来ちゃったから、帰らなきゃなんないの。じゃ、また来るからね」

と、ほんのご近所と言った風情である。

「ここは千葉県だよ。どうやって帰るの」

「ええっ千葉県。とにかく帰るから」

〈**不毛なやりとりその2**〉である。これもこの先延々と繰り返される。

「今日は遅いし泊まっていけばいいじゃない」

と言ってみると、

「泊まってもいいけど、言ってこなかったから心配してるわよ」

「電話すれば大丈夫だよ」

そして姉に電話し、小声で事情を話し、次に大声でおばあちゃんに聞こえるように言う。

「今夜はこっちに泊めるから心配しないでね」

「それじゃ、今日はこっちに泊まるとして」

と収まったかに見えたが、今度は夫に、

「アンタはどうするの。帰らなくていいの」

「……ここは俺の家なの」

そしてまた〈不毛なやりとりその1〉が始めから繰り返されることになる。

「だって私は三十代」

夕食も終わり、おばあちゃんに話しかけることもなく、それぞれがテレビなどに見入っていると、次第につまらなそうな顔つきになってきたおばあちゃんが、夫に向かって唐突《とうとつ》に言い出す。

「ばあちゃんは今どこにいるんだっけ」

「ばあちゃんって」

「私たちの母親に決まってるじゃないの。アンタ知ってる？」

「ばあちゃんなんてとっくに亡くなってるじゃないか。今は天国にいるの」

「ええっ、死んだ？　まさか、何言ってるのよ」

「もう三十年にもなるよ。自分の親が死んだのまで忘れるわけないだろう」

「そんなこと、私は全然知らなかったわよ。私には誰も教えてくれないんじゃないの。アンタには知らせが来たの？　それで葬式には行ったの？　何で死んだの？　病気？　どうして誰も教えてくれないのかしら」

「そんなの忘れちゃダメだよ。俺と一緒に葬式にもちゃんと行ったじゃないか」

「まったく、親の葬式にも出られないなんて情けないねぇ。で、爺ちゃんはどうしたの」

「四十年も前に亡くなっているでしょう」

「えぇーっ、爺ちゃんまで死んだって言うの。そんなこと全然知らなかったわよ。二人とも死んだなんてどうして……」

「二人とも歳取ったから死んだんだよ。自分の歳考えてごらん。親が生きてるわけないだろう。母さん、今いくつなの」

「私の年？　さあ、近頃考えたことないからねぇ。四十くらいにもなったかしらねぇ」

「何言ってるの、八十七だよ。八十七」

「アッハッハ。何言ってるのよ。私がそんな年のわけないじゃないのよ。まったく嫌になるわねぇ。ところで、爺ちゃんとばあちゃん、今どこにいるのか、アンタ知ってる？」

〈不毛なやりとりその3〉である。これもその後、何百回となく繰り返される。

家族は自分の親兄弟だけ

「両親ともにもういない」と聞かされたおばあちゃんは一瞬途方に暮れ、九人兄弟の名前を考え考え挙げながら所在をたずねる。おばあちゃんは九人兄弟の三番目だが、今健在なのは彼女を入れて三人。次から次へと亡くなったと聞かされて驚き、

「あああ、もう誰もいないんじゃないの。どうすればいいんだろう……」

「息子の俺がいるんだからいいじゃないか。嫁もいるし、孫たちだっているし。ところで俺は誰だかわかる？」

「わかるに決まってるじゃないのよ」

「ん？　誰？　名前は？」

「○○。何言ってるのよ、まったく」

「当たり。じゃ俺は母さんの何？」

「何って、私の弟ですっ。一番下の弟」

「……」

そうだったのだ。今のおばあちゃんにとっての家族とは、自分の親兄弟だけだったのだ。彼女が結婚したのは四十を過ぎてから。自分の年齢を三十代だと思っている彼女には、夫や子供は存在していない。しかし、現に目の前にいる一人息子は紛れもなく自分の愛情の対象である。自分にとっての家族枠に子供という枠はない。そこで、うやむやのままに弟の枠をもう一つ作って、すっきりと収めてしまった。

そこに思い至ると、実にさまざまな彼女の言動が納得できる。自分の夫は元より、嫁や孫など当然存在しない。そして弟にしてしまった自分の息子をもどうも独身だと思っている節があるし、少なくとも私と子供たちは、彼の妻と子供とは思っていないのは確かだ。では何か、という難しい問題はさておいて、とりあえず知らない人ではないようだからまあいいか、といったところか。

どうにか静かになり、一段落かと思いきや、

「どれ、それじゃ、そろそろ帰るとするか」

また〈**不毛なやりとりその2**〉をおさらいするのは御免だから、すかさず先手を打つ。

「今日はこっちに泊まるんでしょう。さっき電話しといたわよ」

「あら電話してくれたの。ああ良かった。こんなに暗くなってから帰るの嫌だったのよ。ば

あちゃん何か言ってた？　怒ってなかった？」

　やはり彼女が帰ろうとしていた家は、今朝まで五十年近く暮らした家ではなくて、親の元だった。親が今どこでどうしているのかを人に聞くほど曖昧なのに、とにかく親の所に帰ろうとしている。年月の流れを説いて、現実を認識させようとしても、ただいたずらに途方に暮れたり、憤ったりするだけで、理解することはできない。でも、繰り返し言うが、そのときはまだ根気強く上手に説明すればわかるはずだと、特に夫はそう信じていた。

　長い一日……。

　エンドレスの会話にピリオドを打つには寝るのが一番。とにかく寝よう。明日になれば、疲れがとれれば活路が見いだせるかも知れない。夫も私も子供たちも、じわじわと広がってくる不安を押し込めて、床についた。

介護ワンポイントアドバイス

ボケはタイムマシン？

ボケてしまった人は、たいてい時間の感覚がなくなります。そのほとんどが自分のことを実際の年齢よりも若いと思いこむようです。

これは「若返る」というより、気持ちだけがタイムマシンに乗って過去にさかのぼっているようなものです。そして、さかのぼった時点から現在までの記憶は、無意識に記憶しているものを除いて、すっかりなくなってしまいます。

身体は目の前にあっても、気持ちは何年か前に飛んでしまっているのです。この状態で、周囲の人が現状の時間を認識させようとしても無駄です。ですから、「ああ、おばあちゃん（おじいちゃん）は今○○歳なんだな」と認めてしまい、**彼らの発言に現状とのずれがあっても否定しないのが**、疲れない介護のコツです。

のんきな迷い子

緊急事態は唐突《とうとつ》に

翌朝、隣の部屋でガサゴソとおばあちゃんが動き回る気配で目が覚めたのが六時頃。今日は休日、夕べ寝たのは相当に遅かったから眠い。私は布団の中でグズグズしているうちに、また眠ってしまった。

「お母さん、お母さん、おばあちゃんいないよ」という娘の声に弾かれて飛び起きたのが八時。一瞬、事実を把握しきれないまま、広くもない家の中をくまなく探してみたが、どこにもいない。靴がない。玄関の鍵が開いている。外に出た！　そんなバカな！　早朝に外に出ていくなんて考えてもみなかった。

さあ大変だ。夫をたたき起こし、瞬時に着替え、外に飛び出した。同じような家が並んでいるのだからわからなくなってウロウロしているのだろうと、近くを駆け回ってみた。八時過ぎとはいえ、その日に限ってめっぽう冷え込む休日の朝、深閑としている。いない、どこにもいない。一気に不安が募り、膝の震えが止まらない。

三人で手分けし捜索の輪を広げる。角を曲がるたびに振り返ってみたり戻ってみたり、同じようなところを二人でかくれんぼみたいに平行移動しているのではと、ひどくもどかしい。ヘリコプターで探したいと本気で思った。

おばあちゃんが迷子を自覚した場合、人になんと尋ねるのだろう。彼女が帰ろうとしているのは五十年前の仙台である。しかも歩いていける距離だと思っている。そして、さっきまでいたのは自分の息子（弟でもいいけど）の家だなんてまったくわかっていないし、覚えてもいない。わかっているのは自分の名前、それだけである。一見ごく普通の元気なおばあちゃんにしか見えないから、どこを歩いていても誰も不審には思わないはずだ。

家から出て坂道を上れば、すぐに車の多い通りに出る。逆のほうにどんどん歩いていけば、田んぼや荒れ地のさびしい場所に出る。それにこの寒さ。心配はいくらでも悪いほうに一人歩きする。誰か見かけた人はいないかと近所の人に聞いてみたところで、昨日からの住人、まだデビュー前である。顔を知る人は一人もいない。

結局、みんな不安の極限の顔をして戻ってきた。ついに警察に行くことにする。

写真を提出し、身につけているものを報告しなければならない。はて、何を着て出たのだろう。今日はまだ会ってもいないのだからわからない。おばあちゃんの寝室に行って荷物を確かめてみるが、昨日の今日である。そもそも何を持ってきたのか把握していない。引っ越し荷物が届くまでのあいだ、しのげる分だけなのだが、点検はしていなかった。

昨日着てきた洋服は残っているのだが、昨夜のパジャマがない。まさか、いくら何でもあのお洒落な人が、それはないだろうと思うが、夕べのあの会話を思い出すと自信がなくなる。他には特に荷物が減っているようにも見えないので、やはりパジャマだろう。寒空がますます心配になるが、パジャマで歩いていれば目立つ。目立てば保護してもらえる可能性が高い。

しかし、警察の情報網には何も引っかかってこなかった。警察に駆け込んでも積極的に探し回ってくれるわけではない。情報を流して、あとは連絡を待つだけである。歯がゆいが、どうにもならない。

状況認識能力ゼロ

二人で警察署を出たとたん、ふと息子のことを思い出した。最初はすぐに見つかるだろうと起こしもしなかったのだが、そのうち慌ててしまって、すっかり彼の存在を忘れてしまっていた。急遽《きゅうきょ》起こされた息子は、それまで家庭の一大事をよそに一人蚊帳《かや》の外《そと》で熟睡していた事実に仰天し、即刻自転車で飛び出していった。娘を電話番に残して再び散って探す。

それから小一時間、出遅れた息子が、しっかりとおばあちゃんを自転車の荷台に乗せ、それを引いて凱旋した。失踪に気づいてから実に三時間後のことである。渦中の人は荷台で涼しい顔をしている。緊張がいっせいに解かれて、腰が抜けんばかりの私たちの騒ぎを見て、「どうかしたの。何大騒ぎしているの」といった表情だ。

こんな状況が以前に一度あったぞ。そう、他でもない、今日の功労者である息子が二歳の時である。行方不明になりパトカーまで出動して近所中で探したことがあった。そして四時間後、薄暗くなりかけた頃、今のおばあちゃんと同じような顔をして帰ってきて、周りの騒ぎにきょとんとしていた。

まさに悪夢と安堵の再現だった。体中の力が抜けてしまい、立っていられない。

おばあちゃんを見つけたのは、家から二キロほど離れたあたり。息子が小学生の頃、よくザリガニ釣りに行った田んぼや埋め立て中の荒れ果てた土地などが広がったところがある。その先の住宅地の道を荷物を背負って、普通の顔をしてトコトコ歩いていたという。息子が声をかけると、

「あら、アンタ。どうしたの。何しに行くの」

と、逆に聞かれたとか。「どこに行くの」と息子が聞くと、「今ちょっと学校の先生に用があってね」と、何だか訳のわからないことを言っていたそうだ。疲れているようだったから、自転車の後ろに乗せ、道が悪くて危ないので、自分は乗らずに引っ張ってきたら、なかなか重くて、下り坂はスピードを抑えるのに大変だったとハアハアしている。

中身と外見　不一致の罠

おばあちゃんはやはりパジャマ姿ではなかった。上下バラバラではあるが、スーツを着てちゃんと分厚いストッキングを履いて、帽子をかぶり、ショルダーバッグを提げ、風呂敷包みを背負ったのは少々減点とはいえ、おかしな風体とはほど遠い。とても八十七には見えないし、ましてやボケてるなんてきっと誰も思わない。何事かなければ保護されることはないだろう。

まして、本人に危機感がないのだから、助けを求めるとも思えない。もし道を聞かれた人がいたとしても、あの達者なしゃべり方ではボケは見抜けまい。無数に広がる道路網の上の動く一点に行き当たった幸運に感謝するばかりである。

さて、彼女の背負っていた風呂敷包みであるが、風呂敷にされてしまったのは、昨日お餞別に頂いてきたブランド物の柔らかいシルクのスカーフである。そしてそのパンパンに膨れたスカーフの中身はと言うと、問題のパジャマ上下、居間に置きっぱなしにしてあった夫のスウェットのズボン、膝掛け用の大判タオル、週刊誌、テレビのリモコンと支離滅裂な取り合わせで程よい大きさに作ってある。そして今はもう、荷物のことなど完全に忘れ去り「あらら、なあにそれは。ずいぶんと大きな荷物だねぇ。そんなの持ってどこに行くの」と。「何だじゃないだろう、キミだろう、こんな物作ったのは」とつぶやきながら、とりあえずお茶。のどだけでなく体中がカラカラである。

予測不能がボケの行動

熱いお茶で深い深いため息をついたのは、おばあちゃんを除く四人。一様に安堵をかみしめ、思いがけず家族の絆を確認するに至ったりしたのだが、「参った参った」と笑ってばかりはいられない。今後、**このままでは何度でも繰り返される**ことが十分に予想できたからである。現に帰ってきていくらも経っていないのに、おばあちゃんはもう「どこへも出かけてないよ」と言っている。

それにしても、ざっと考えて四時間前後、ずっと歩き回っていたのだろうか。時々どこかに腰を下ろして休んでいたのだろうか。聞きたいことは山ほどあるのだが、それは永久に謎。何よりの救いは、本人が心細い思いはしていなかったようだということ。むしろ、久々に自分の思い通りに行動できたこと、気ままに歩き回った開放感にすっきりしているように見える。見つけてもらったタイミングが良かったのだろうが。

しかし、どんなにストレス解消になっても、こればかりは二度とやってもらっては困る。引き続き緊急対策会議に入る。

今回のミスは、朝早くに一人で出ていくとは考えなかったことと、いつもの習慣でドアチェーンを掛けなかったこと。彼女は前からドアチェーンの外し方はわからなかったのに。

とにかく**彼女の行動は予測できない**ことを肝に銘じた。そして面倒でも**四六時中ドアチェーンを掛けることを家族全員に徹底**し、ついでに**彼女の靴は下駄箱の見えにくい所にしまう。**そのときから私は全身耳になった。いつでもどこでも彼女の立てる音やひとり言を、ことごとくキャッチしてしまう。

叱るのは百害あって一利なし

さて、警察にも事の次第を報告し、直接挨拶に行く。この分だといつまた世話になるかも知れないので、多少懇《ねんご》ろにお礼を述べる。

お昼近くにブランチをとり、あとはみんなで呆けたようにテレビなどを見ていると、さすがにおばあちゃんも居眠りが始まる。さぞかし疲れただろうと二階の彼女の寝室に連れていって、布団に寝かせてやる。

やれやれと下に降りてきて、さあゆっくりお茶でも飲み直そうかと準備をして座るか座らないかのうちに、ズズットン、ズズットンと壁をすりながら階段を下りてくる音。

「こんにちわぁ」

とドアを開けておばあちゃんが顔を覗かせる。

「あら、アンタたちいたの。いつ来たの。私も今来たのよ。まあ珍しいこと。ちょうどよかったじゃないの」

と気分はいつも新鮮。「ささ、お茶でも」と招き入れ、鬼の居ぬ間の洗濯はあえなくおじゃん。

そして退屈してくるとまた例の**不毛なやりとりの堂々巡り**が始まる。

例えば、テレビに興味を失ったとき。相手がテレビに熱中していようがいまいがお構いなし。

例えばみんなで話をしているとき。一般の会話はほとんど理解できないので、一人退屈してしまう。そこで、盛り上がっている会話のただ中に「ところで、ばあちゃんは今どこにいるの？」と唐突《とうとつ》に割り込む。疎外感を感じて、自分のほうを向いて欲しいのだろうが、こちらも話が盛り上がればそこまでの気配りは忘れてしまう。一緒にテーブルを囲んでにぎやかにしているだけで楽しいというわけではないようだ。自分が話題の中心になれなくて、すねる幼児と同じ。

なんだかんだ言っても、みんなのいる休日は何かと紛れて時間は過ぎていく。そうして夕食時になった。子供たちを動員して、できた物から食卓に運ぶ。

すると、その途中に「いただきまーす」と言う元気な声と共に、一人おばあちゃんが食べ始めてしまった。驚いた夫が「ダメだよ、おばあちゃん。ちょっと待って。みんな座ってからだよ」とたしなめると反射的に箸を置く。しかし、次の瞬間また箸を取る。ついに堪忍袋の緒が切れた夫は大きな声を出す。すると「ああそうですかっ」とふくれてしまって、みんなで「いただきます」をしたあとも食べようとしない。目をそらしてブスッとしている。

多分怒られた理由などわかっていない。**怒られた不愉快さだけが尾を引いている**。何とか機嫌を取って食べさせるが、いまいち積極的でない。そして引き続き「ばあちゃんは？」の不毛なやりとりが始まり、一段としつこい。

一度堪忍袋の緒を切ってしまうと、どうも切れやすくなるらしい。

「自分の親が死んだ事なんて忘れるわけないだろう。何をバカなこと言ってるんだ、何べんも」

夫、ついに爆発。しかし、おばあちゃんも引かない。負けずに大きな声でやり返す。彼にしてみれば、母親がそこまでわからなくなってしまったとは、信じられないやら情けないやらで、腹が立つのは歯がゆさであり、肉親ならではの情なのであろう。

「怒っちゃダメよ。そんなこと言ったって無理だよ」と妙に冷静な私にとがめられ、子供たちは困惑した顔をし、収めどころをなくした夫は「いや、ショック療法ということもあるかと思って」などともっともらしいことを言うが、そのショック療法とやらはいささかも効いたためしがない。

痴呆老人を叱るのは百害あって一利なしと言うが本当である。感情の乱れの上塗りをするばかりで収拾のつかない泥沼化に拍車を掛ける。叱られるようなことを言ったりするときは、特にボケの深みにいるときだから、叱られている意味がいっそう理解できない。自分の言動がおかしいとは決して思わないのがボケの特徴である。結果どんなに言葉を尽くしても徒労に終わる。こちら側の常識で納得させようとすると、彼女の言うことの一つ一つをすべて否定しなければならない。否定はさらなる混乱を招く。

しかし**否定せずに逸《そ》らす**以外に方法はないと悟ったのは、試行錯誤の末にである。見かけは以前と変わらない相手に、以前と同じに話しても通じないとは、なかなか納得できるものではない。

機嫌修復のキーポイント

さて、叱られて不機嫌になったおばあちゃんは当然の事ながら「帰る」と言い出す。気分を害した彼女に「泊まっていこうか」という気にさせるには一筋縄ではいかない。バッグを握りしめ、なだめる手を振り払って玄関に行くが、自分の靴が見あたらない。その辺のサンダルを突っかけ「ちょっと開けてちょうだいよ」とドアチェーンをガチャガチャさせている。彼女にしてみれば、家に帰るのを邪魔されるいわれはないのだから。万策尽きた。さて、どうするか。

意を決した夫は「よし、じゃ送っていくよ」と車のキーを取り、「その辺一回りしてくる」と私に耳打ちして、夜のドライブに出かけた。小半時ほどして「ただいま」と夫の声。

「こんばんわぁ。お邪魔します」と物珍しそうにキョロキョロしながらおばあちゃんが入ってくる。作戦大成功。一同胸をなで下ろし、笑いがこみ上げてくる。

おばあちゃんは出かけるのも車に乗るのも大好き。車が走り出した頃にはもう機嫌は直り、どこに行こうとしていたのかも忘れてしまった。**場面が変わればすべてが入れ替わってしまう**。そして新たな客人となってわが家を訪れた。さっきまでいた家という意識はない。

「あら、お土産を忘れて来ちゃったわ。確か買ったはずなのに。変だねぇ。汽車の中に忘れてきたみたい。しょうがないからアンタたちにはお土産の代わりに、はい」

と子供たちにお金を渡そうとする。困ってしまって私の顔を見る彼らに頂いておくように合図をし、あとで回収してこっそりおばあちゃんの財布に戻しておく。興奮させないよう注意を払い、「じゃ、今夜はここに泊めてもらうことにしましょう」までこぎ着け、めでたく「おやすみなさい」にゴールイン。

ドライブが効いた。叱りつけたのが発端で招いたと思われる事態に家族の顰蹙《ひんしゅく》を買ってしまった夫は、きっちりと失地回復を果たした。そして**叱るのは事態を悪化させるのみ**という教訓を身をもって示した。

かくして、長く濃い一日はふける。実に有意義で、標語を量産したような一日だった。これがこの先、果てしなく続くのである。

私たちも慣れていないけれども、おばあちゃんだって新しい生活に慣れていない。あれで慣れるなんて事があるのだろうか、とも思うが、意識の上ではなくても、慣れる、馴染む、ということはあるだろう。明日はおばあちゃんの荷物が届く。使い慣れたタンスや鏡台や衣類を身の周りに置けば落ち着くだろう。自分の居場所ができる。いずれにしろ、なるようにしかならないんだから。何とかなるよ。

介護ワンポイントアドバイス

徘徊を防ぐために

ボケてしまった人の行動で、もっとも厄介なものの一つが「徘徊」。現状認識ができていないからいつ危険な目に遭うか分からないし、無関係の人に多大な迷惑をかけてしまう危険性があります。

かといって、部屋に閉じこめておくだけでは、健康にも精神衛生上にもよくありません。一番いいのは、**「一人では外出できないようにする」**ことです。出入口には必ず鍵をかけることを徹底してください。もし、自分で鍵を開けることができる人の場合は、チェーンロックを併用するなどの工夫が必要になります。

それでも、一人で外に出てしまうことはあります。そんなときのために、**衣服に住所と名前、連絡先を書いた名札を縫いつけておくとよいでしょう。**

ただし、名札などきれいさっぱり取り除いてしまう知恵や器用さがある人もいますので、注意が必要です。

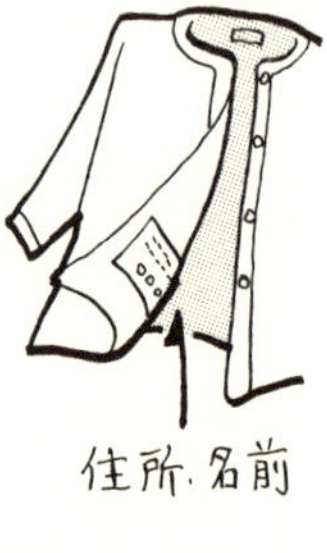

おばあちゃんの部屋

ややこしい場所を封鎖せよ

おばあちゃんの部屋のセッティングに関しては、迎える前から私なりに考えた。階段の上り下りの必要な二階の部屋。これはわが家の構造上致し方ない。この家はいわゆるテラスハウスで、平たく言えば西洋長屋である。コンクリートの三階建てという物珍しさのみに飛びついて購入した物件である。一階から三階まで自分の家だが、その分ワンフロアの面積は小さい。一階は台所、居間、水回りで、寝室にできる部屋は二階と三階だけだから、足腰の弱い人にはつらい。幸いおばあちゃんは年齢のわりには丈夫なので、今のところ何とかなるが、かなり心配ではある。

そんなわけで、二階にある二間のうちの陽当たりの良いほうをおばあちゃんの部屋にし、隣を私たちの寝室にする。トイレと洗面は二階にもあり、そして三階は二人の子供が占めている。もう一人の家族である猫のキャロは、家の中すべてを自分の部屋化していて、季節や気分によって一番居心地のいい場所を転々とする。

さて、おばあちゃんの六畳間には半間の押入があるが、そこは使用禁止にした。当分のあいだ使う必要のない物を押し込め、開き戸は開けられないように細工をし、おばあちゃんが開かない押入に悩まなくてよいように扉の前にタンスを置いて隠すことにする。そんなことをした理由は、これまで周りの人間を振り回した**ないない騒動**への対抗措置である。

押入の奥深く物を隠されてしまったら、見つけるのは並大抵ではない。本人が覚えているならまだいいが、本人は「やっていない」のだからお手上げだ。毎日押入の中身を出すのはゴメンだ。とにかく探しにくい場所を作らないことが先決。

しかし、この先の物探しは生やさしい物ではなかった。タンスの中の畳紙《たとうがみ》の中の和服の間まで隠し場所になるとは思いもしなかった。せめて押入を閉め切りにしたのは大正解。

満たされている気分が肝心

六畳一間にタンス三棹にベッド、鏡台に小さい机を置くと一杯になる。そこで、私たちの部屋のほうにも一部侵出させて、どうにか収める。広くもない家に少々多すぎる荷物だが、これは意識的にそうした。ボケてからのおばあちゃんは、物、とりわけ衣類に対する執着が強い。とにかくたくさんあると安心するようだ。

年寄りは物を捨てて整理することはしない。もう絶対に着ないであろう古い物も、何でもかんでも取っておき、あふれかえる衣類を身の周りに置いて生活している。さすがに全部持ってくるのはあまりに無駄なので、姉と相談して三棹のタンスに収まる量と決め、その整理、選別はおばあちゃんのいないところで姉と一緒にやった。おばあちゃんに聞けば、一つ残らず「要る」と言うから整理にならない。しかし、見ていないところでは何を捨てられても気がつかない。「ないない」は口癖のように出てくるが、何がないのかはあまり具体的ではない。とりあえずタンスが満たされていれば不満はないだろう。

躊躇する姉を促して機械的に取捨選択する。

誰かが割り切って整理するべき物を整理してしまわない限り前には進まない。そして、その役は私しかいない。逡巡《しゅんじゅん》する気持ちは捨て、片っ端からゴミ袋行きにし、結果的に冬物夏物一緒にして、タンス三棹分と衣装ケース一個に収める。

受け入れる側のわが家の収容能力に余力はない。すでに親子四人で家の中は一杯。できる限りの整理をし、相当無理をして六畳一間を空っぽにした。おばあちゃんの衣類をタンス以外に収納するスペースはないから、夏物も冬物も一年中そのままタンスに入れておくことにする。実はこれが先々混乱の元にもなったのであるが。

分類作業は大の苦手

ともあれ、そんなこんなで送り出す側、迎える側、どうにか万端整えて荷物搬入までこぎ着けたのである。さて、衣類を収めるのはおばあちゃんと一緒にやろう。さぞかし喜ぶだろうと期待した。「着物も何もすっかりなくなってしまって」と落ち込んでいたのだから。ところが、反応ははかばかしくない。

「タンスも着物もほら、全部お母さんのでしょ？　届いたんだよ」と言っても、「あらそうなの」と答えはするがわかっていない。「この段には下着を入れようか」などと言って参加させようとするのだが、下着の上にセーターを入れてみたり、私が入れた物を箱に戻してみたり、やっと空になった箱に別の箱から移し替えをしてみたりと支離滅裂。なんだかモグラ叩きをやっているみたいで、これでは永久に終わらない。畳んだり重ねたりするのは素晴らしく上手なのだが、分類整理することはできない。自分の衣類だという意識もない。喜ぶ顔が見られるかとの期待はあえなく裏切られた。まだまだ認識が甘いようだ。

休憩ということにしていったんお茶にし、共同作業はあきらめる。本人は抜きで勝手に衣装を収め、生前の父と一緒に撮った写真の額と、文字の読みやすい掛け時計を壁に掛けた。

さらに、何冊か持ってきた写真集などを小机に並べ、ベッドも布団も彼女の使っていた物だ。こじんまりとなかなか落ち着いたおばあちゃんの部屋が完成した。

居住空間の整理

基本的にボケてしまった人は部屋の片づけをしないと思っていてください。ボケる前に几帳面だったり、キレイ好きだった人は、ボケた後も部屋の片づけをすることはあります。しかし、それは往々にして片づけになっていないことが多いようです。

自分の見ているときに部屋を片づけられると嫌がりますが、見てないときに片づけてしまえばまったく気がつきません。隙を見計らって、定期的に部屋の片づけをするとよいでしょう。

第二章　おばあちゃんの困った行動

おばあちゃんの一日

華のキャリアウーマン

平日の朝、私たちは六時前に起きる。おばあちゃんの所在を確認して下に行く。ほどなく、スーツにオーバー、ショルダーバッグを肩から提げて、おばあちゃんが登場。出勤支度の夫を見て、「あらちょうどよかった。私も一緒に出かけるから」

「どこに?」

「役所よ。ところでアンタ、ここから役所までどうやっていくか知らない?」

朝っぱらからまた仰天させられる。役所とは彼女が結婚前に勤めていた貯金局のことである。これまでの会話から、彼女が五十年前にタイムスリップしているのは明白だから、当然お勤めもしているわけである。なかなかつじつまが合っている。明治生まれの女性が四十歳まで仕事を続けていた。キャリアウーマンの草分けである。彼女の人生で、その頃が一番輝いていたのだろう。その華の時代に帰っているのだ。しかし、無情にも目の前の弟は訳のわからないことばかり言う。

「母さん、アナタは今八十七歳である。四十歳の結婚と同時に退職したのだから、辞めてからすでに四十七年も経つ。よくよく考えてご覧なさい。現在勤めてなんかいるわけがないだろう」

と諄々《じゅんじゅん》と諭《さと》す。しかし、当然のことながら彼女に対しては何の効力も発揮しない。

「何言ってるの、辞めてなんかいないわよ。辞職願いなんか書いてもいないし、退職金だってもらってないんだから。休職願い出してないんだから、なんとしても行かなきゃならないの。△△さんに聞けばちゃんとわかるんだから」

△△さんって誰？　私たちの知らない名前が飛び出す。

「八十七にもなって勤めている人なんていないよ。そうだろう、母さん八十七歳なんだよ」

「八十だろうがなんだろうが、私は辞めてないんですっ。意地悪しないで行き方教えてよ」

「そんな年寄りが職場に行ったら迷惑なの。母さんの知ってる人なんか誰もいないんだよ」

「辞めてもいないのに来るなって言うの？　いったいどうしたらいいの。どうやって食べていけばいいのよ」

〈**不毛なやりとりその4**〉。出勤前の忙しいときにこれ以上おばあちゃんの相手はしていられない。私が毎朝駅まで車で送るのだが、パニックに陥っているおばあちゃんを置いては行けない。急きょ夫は徒歩で駅に向かい、私はおばあちゃんの一切合切を引き継がされてあとに残った。これがこの先の私の生活そのものになるのだから、何とかせねばならない。

懐柔の小道具「甘いもの」

おばあちゃんが来たからと言って毎朝の戦争が緩和されるわけではない。高校生と中学生の子供たちをたたき起こし、お弁当を作り、朝ご飯を食べさせて送り出すまでは、とても彼女の堂々巡りはつきあっている暇はない。とはいえ、スーツ姿で怒ったような顔で黙り込む目の前のおばあちゃんをほっとくわけにもいかない。

手っ取り早く今の状況を打破する方法を考える。

人を和ます最短の**ターゲットは胃袋**。おばあちゃんの襖悩《おうのう》などまったく気づかぬ振りをして、「おばあちゃん、お茶飲もう」と熱いお茶を出し、食事前だろうが構っちゃいられない。甘いお菓子だって出しちゃう。案の定、ビンゴ！　である。あら、と表情が瞬時に変わる。よし、場面は切り替わった。あとは少しでも維持させることだ。そこで、**新聞を渡してみる**。これもＯＫ。それからたっぷり一時間は新聞と広告を繰り返し繰り返し眺めていた。第一関門突破。

子供たちが出払ってしまうと急に静かになり、空気の重みをどっと感じる。おばあちゃんは広告に熱中している。さっきまでの、眺めているとは大分違う。山のように入ってくる折り込み広告を重ねて、立ててドンドンとテーブルに打ちつけながら、数えてはそろえ、数えてはそろえを繰り返している。表情もちょっと怪しい。普通は広告相手にこんな真剣な顔はしないものだ。何か嫌な予感。早くこの場を切り上げようと急いで朝食にする。

「さあ、おばあちゃん、ご飯だよ」と並べると、

「あら、アンタ先に食べなさいよ。私は今これをやってしまうから」と言って、ご飯どころではない。やがてそろえた広告を固く丸めて筒状にして、キョロキョロと何かを探し始めた。

「ねえ、これとめる物何かない？　どっかにいっちゃったのよ。おかしいねえ。さっきまではあったのに」と、ビシッとそろえた広告の筒をしっかりと握っている。紐を渡してあげるとそれでキリリと縛って完成。一仕事終えたという顔をしている。

「やれやれ、やっと食事だ」と筒をどかそうと持ち上げると、「ああ、ちょっと、私のだから持っていかないでよ」と慌てて取り返す。さも大切そうに、どう見ても広告の扱いではない。この広告は途中から何か他の物になってしまったようだ。そして、この類の物が彼女の

部屋のタンスの中などにしまい込まれ、この先ドンドンたまっていくことになる。

食欲は旺盛で、食事時間は私の半分くらいで終わってしまう。食事で時間を稼ぐのは無理だ。

独断的テレビ鑑賞

とりあえずテレビをつける。しんとしていると、また難問をふっかけられそうで怖い。あれだけテレビの好きだったおばあちゃんだが、今テレビに対する反応を見るに、ただ単に画面に現れた一コマ一コマを追っているに過ぎないことがわかる。内容はほとんどわかっていないし、その一コマの映像に対する認識もはなはだおかしい。悲しいシーンにげらげら笑ってみたり、妙なところで憤慨してみたり、と独自の解釈で見ている。

コマーシャルによく登場するデフォルメされたアニメや、幼児番組特有の頭でっかちの着ぐるみの人や動物、それらを見て「まあ、よくこんなことができるわねぇ」とか「あら、ずいぶん顔の大きな人だこと。こんな人もいるのかしらねぇ」と言う。視力低下のせいかと思えばとんでもない、洋画の字幕などすらすら声を出して読んでしまうのだから。おそらく、本当の人間と思いこんでいるのだろう。

そんなわけで、ドラマのストーリーなどないに等しいのだが、時代劇は好きだ。映像も台詞も非常にわかりやすく、何度目の再放送だろうかと思われるおなじみの時代劇を日中の番組欄からピックアップする。しかし、おばあちゃんにかかっては勧善懲悪のヒーローも形無しで、ずいぶんと喜んで見ている割には、善玉と悪玉の区別もついてない。しかし、どんな見方をしようと、楽しんで見ているのだから問題はない。

みっちゃん症候群

時代劇に見入っているおばあちゃんが突然「あら、みっちゃんじゃないの。まぁきれいな格好してすましちゃって。アッハッハ」。見ると画面の中のお姫さまを指している。みっちゃんとは万人が認める美人で、一回り年下のおばあちゃんの妹である。実は私も「みっちゃん」なのだが、彼女の言うみっちゃんとは残念ながら明らかに妹のほう。

その後も日に何度となく「あら、みっちゃんじゃないの」が出る。それは、テレビに現れる若い女性タレントだったり、中年の女性だったり、雑誌や広告のモデルだったり。年齢も顔かたちも幅広いのだが、例外なく美人なのである。画面や写真にとどまらず、生の人間を前にしてみっちゃんと思いこむこともある。私の友人などが遊びに来ると「あら、みっちゃんじゃないの」が時々飛び出す。そして、間違えられた人には、美人のお墨つきが与えられることになる。

なんと言ってもみっちゃん症候群の極めつけは、テレビのニュースに皇室が出てきたときのことである。若く美しい妃殿下がアップになるや、「あら、みっちゃんじゃないの。何してるのかしら」。いつもは「そうね」と聞き流している私も思わず「みっちゃんじゃないわよ。この人は妃殿下よ」と言ってしまった。すると、おばあちゃんは大いに驚き、

「ええーっ、みっちゃんたら、いつの間に妃殿下になったのかしら」

敵もさる者、筋金入りであった。

おばあちゃんの持ちもの観

一見欲張り　実は正直

自分のものも他人のものも区別がつかない。何に対しても記憶がないから、見た瞬間はあらゆるものを、自分のものですら見覚えのない他人のものと思うようだ。

ところが好奇心旺盛なおばあちゃんは、何でも触ってみたがる。触っていると、ある時点から、何でも自分のものだと思うようになる。もともと彼女のものであれば何の問題もないから誰も気にかけないが、それが他人のものだと困ったことになる。しかし、毎日見ていると、欲張りなのではなく、単に区別がつかないだけだということがよくわかる。

例えば、ちょっと暑くなってきて、着ていたカーディーガンを脱ぎ、その辺に置く。やや経ってやっぱりちょっと寒そうな様子。「これ着てたほうがいいんじゃない」とそのカーディーガンを渡してやると、「まあ、貸してくれるの。すみません。着るものが何もなくて困ってたのよ。家に帰ればあるんだけどね。じゃ、お借りしますよ。なかなかいいじゃないの」と言う。「あら、これはお母さんのよ。さっきまで着てたじゃない」と言っても、「何言ってるのよ。私のじゃないわよ」と言い張る。

要するに、見覚えがない。自分のものであれば見覚えがないはずがない、ということはわかっている。だから見覚えのないものは自分のものではない。なかなか理にかなっている。

言うまでもなく、さっき脱いだことなど忘れてしまった。

さて、またしばらくすると、日が当たって少し暑くなってきたので「暑いから脱いだら」と言って脱がせる。椅子の上にでも置こうとして、持って立ち上がると、

「ちょっと、それは私のなんだから持っていかないでよ」

意外なものがお気に入り

同居したての頃のこと、テレビのリモコンが見あたらない。よくあることで、たいていはクッションの下とか新聞の下とか、リモコンを使ったものの仕業ですぐに出てくる。その日も家族に矛先を向けられた娘が憤慨していた。「何だこんなところに」とそのうち出てくるだろうという予想に反して、一向に見つからない。残る可能性はおばあちゃん。まさかとは思いながらも、彼女の部屋を探してみる。

「やっぱりない」とあきらめかけながらも、気を取り直して少し丁寧に探してみると、タオ

ルでぐるぐる巻にされた昆布巻状のリモコンが、洋服ダンスの中から出てきた。どうもリモコンが好きなようだ。そういえば、あの失踪事件の時も風呂敷包みの中に入れていた。もちろんそれが何者なのかはわかっていないし、自分でテレビを操作することもない。

その手頃な大きさや姿形に惹かれるのか、テレビ大好き人間だった彼女は、いつも手元にあったリモコンに漠然とした郷愁を感じるのか、などと勝手な想像をしながら「大当たりー」と階段を下りていく。みんな吹き出してしまい、「ほら、やっぱり私じゃなかったでしょ」と冤罪を証明されて、みんなに謝罪を迫る娘の声やらの中で、自分がトラブルの原因だとは露ほども知らずに、何のことやらわからないまま一緒になって笑っている。

自分のものにはキチンと署名？

あるとき、その辺に置いてあったマンガを見つけて、「あらちょっと見せてね」と言ってパラパラと見ていた。しばらくして、彼女の大事なバッグと一緒に置いてあったマンガをさりげなく回収してみると、いつの間になんと表紙の裏側に大きく住所氏名が書いてある。もちろん彼女の名前であるが。

そこで驚いたのは、その住所は紛れもなく結婚後の住所。いつも自分の家は親のいるところだと言っているのに、書こうとすると自動的に書き慣れた住所が出てくるのだろう。姓に関しても同じで、「自分は結婚などしていない」とは言うが、旧姓で自分の名を言うことはない。

家のことを話していて、結婚後の地名を口にすることがある。でもそこに住んでいるのは自分の両親だという。要するに過去の記憶はすべて入り乱れていて、相互関係などもがんじがらめに混線している。強力に彼女に働きかけている若い頃の記憶が表面に現れて、それ以降の記憶はその下に埋没させられてしまっているのだろう。その埋没された記憶はゆっくりと蠢《うごめ》いていて、何かの拍子に表側に押し出される。しかし、次の瞬間、またさらに古い記憶のほうに取り込まれて見えなくなってしまう。

ごくまれにだが、唐突《とうとつ》に「お父さんはどこに行ったの」と言うときがある。じいちゃんとは自分の父親のことで、お父さんとは自分の夫のことである。「今は出かけているわよ」と答えると、「あらそうなの」と、それだけで終わる。そこから何も発展しないし、新たな記憶が引き出されるわけでもない。

話を戻そう。バッグの中に入れてあった筆ペンで大きく住所氏名を書かれてしまったのがマンガだからよかったものの、教科書とか図書館の本だったりしたら困ったことになった。

署名とは大いに意表をつかれた。

難攻不落のとっさの言い訳

ビデオテープは本のように見えるので、おばあちゃんはよく手に取る。たいていは手に取った瞬間にストップをかけるので、彼女が多少ムッとするくらいで済むが、その時はタイミングを逸《いっ》した。私は台所に立っていて、夫がいるから、とおばあちゃんの行動には注意を向けていなかった。彼が気づいたときには、おばあちゃんはビデオテープをケースから出し、何とかその箱状のものを開けて中身を見ようと、力任せに解体に及ぼうとしていた。驚いた夫は思わず大声を出す。

「何やってるの。壊れるだろう。何でもかんでもいじらないの。自分のものでもないのに」

こういうとき、おばあちゃんの応戦は素早い。

「あら、これは私のです。昨日買ってきたんだから。全部私のです。私のなんだから、とやかく指図される筋合いはないでしょう」

「母さんのものなわけないだろう。何するものかも知らないくせに」

「なんだろうとこれは私のです」

あーあ、やってしまった。私はこういう状況に追い込まれないようにと、日中相当に神経を使っているのに。「知らない」を決め込む。

結局、最後は夫の強権発動でおばあちゃんが黙り込むことになったが、憤懣やるかたないといった面もちで、しばらくは口もきかなかった。なぜこうなったかは即座に忘れてしまうが、**不愉快さだけは尾を引く。**この表情にさせてはいけない。この顔は妄想への導入部、あとが怖い。

介護ワンポイントアドバイス

ボケの持ち物観

ボケてしまった人は、ものに執着します。ものがないと不安になるので、お気に入りのものは常時手元に置いておくようにしましょう。

ただし「これは誰のもの」という認識はできないので、触れられては困るもの、大事なものはボケてしまった人の手の届かないところにしまうようにしてください。

ボケてしまった後もお金には執着します。しかし、お金はトラブルの元になることが多いので、現金を少量常に持たせておき、通帳や印鑑は手の届かないところに隠してしまうのが得策です。

整頓好き

大切な日課「タンスの整頓」

来る日も来る日も、昼となく夜となく、タンスの整頓に余念がない。そして中身の居場所が毎日変わる。和ダンス、洋服ダンス、整理ダンス、プラスチック衣装ケース、そのすべてが相互乗り入れする。おばあちゃんの荷物が届いた日、ここは下着、ここはブラウス、と考えながら収めてあげたのはなんの意味もなかったようだ。

朝、スーツ姿のおばあちゃんを着替えさせるために、そして居眠りのひどいときに昼寝を促すために、そして夜寝かせるために、自分の部屋の存在を知らないおばあちゃんを部屋まで案内する。

おばあちゃんは、自分の部屋に入るとまずタンスを開けて、中身の出し入れを始める。日中他のことをしに部屋に行ったはずが、いったん入ってしまったらなかなか下りてこない。見に行くと、必ずタンスの前でガサゴソやっている。夜もパジャマを出してあげて「おやすみなさい」と言って私が一階に下りたあとも、しばらくはタンス相手に起きている。そしてそれは深夜にまで及び、明け方暗いうちから再び始まる。

タンスの整頓それ自体は何ら問題はない。むしろ趣味があることは望ましいくらいなのだが、やり方に多少問題がある。整頓というよりは入れ替えというほうが当たっているのだが、本人は整理整頓と思っている。もちろん、日に何回もやっているとは思ってはいないし、メチャクチャな入れ方だとも思っていない。

それはそれはきちんと畳んでピッと重ねてあるのだが、全部の段にまんべんなく下着もブラウスもスカートも分散して収まり、所々に和服なども取り混ぜてある。当然和ダンスにも下着その他が引っ越しする。そしてなぜか、洋服ダンスのハンガーの部分は空っぽで、高級カシミヤのオーバーであれ、厚手のスーツであれ、全部畳んで引き出しのほうに収める。何度出して吊してやっても、次に見たときはハンガーから消えている。和服の収め方かなと思い至り、納得する。

タンスに収められるのは衣装ばかりではない。壁に掛けてあった額も時計も、机に並べた写真集も、洗面所に置いた歯ブラシもコップも、ティッシュペーパーの箱も人形も、ときにはスリッパまで、ありとあらゆる物がタンスの中に移動する。だからおばあちゃんの部屋はいつもすっきりと何もない。

しかしタンスの中はパンク状態。当然収まりきれず、はみ出した衣類の風呂敷包みができる。鏡台の引き出しに収まるべき、ヘアブラシや化粧品もタンスの中。また、物を何かで包んだり、ぐるぐる巻きにするのが大好きで、小物はそうやってしまい込む。よって、ますます捜し物が見つけにくく、そして「ないない」が始まる。

そして深夜も明け方も

毎晩、私たちが眠っている真夜中や明け方、おばあちゃんの物音で目が覚める。部屋が隣り合っており、間の襖を外してタンスで仕切った状態になっているから、何もかもがはっきり聞こえる。何事かあっても即察知できるのでよいのだが、これほど夜中に騒がしいとは予測できなかった。「夜は寝る」という習性の大前提が崩れている。体内時計も故障してしまったらしい。年寄りは眠りが浅くて頻繁に目が覚めてトイレに行くというが、おばあちゃんは目覚めたときがいつも朝。一連の朝の手順を終え、タンスの整頓を二〜三時間やり、再び寝る。そして次に目覚めたときも、また朝の手順を繰り返す。

おばあちゃんの朝の手順とは、まず電気をつけ、カーテンをジャッと勢いよく開け、トイレに行き、顔を洗う。そして化粧水とブラシが必需品なのだが、見あたらない。ほとんど毎日、おばあちゃんのいないところで探し出して所定の場所に置いておくのだが、いつの間にかしまい込む。当然それは忘れるし、探し方がずさんだから見つからない。そこで夜中のひとり言になる。

「まったく人の物を何でも黙って持って行くんだから。化粧水やブラシまで取り上げるなんて。何でこんな目に遭わなきゃなんないの」

大きな声で怒りをぶちまける。

それから着替えをするのだが、もちろん、昨日着ていた物などはすっかり方々に分散して整頓されているから、何も出てはいない。さて、タンスの中を物色する。さっきの怒りが溜《た》まっているから、引き出しの開け閉めも乱暴だ。そのうち、次第に静かになってきて、いつの間にか洋服を出したり畳んだり入れたりのタンスの整頓に熱中している。

これら一連の動きが私には布団の中で手に取るようにわかってしまう。それが隣の部屋だけに納まっているうちは許容の範囲内であるが、こちらが寝ている部屋をガラッと開けられるのは我慢の限界を超える。洗面の帰りに何の部屋だろうと、ただ単純に開けてみることもあれば、「ちょっと、私の化粧水知らない？」と入って来ることもある。毎晩のことだから、たまらない。

整頓好きの魔の手が伸びる

おばあちゃんの大好きな整頓は自分の部屋だけにとどまらない。こちらが気をつけているのと、子供たちの部屋が三階のせいもあってか、遠征することはそうたびたびではない。それでも階段の先が気になるらしく、ときどき上がって行こうとするのだが、全身これ耳になっている私に途中でキャッチされて、たいてい未遂に終わる。ある日、学校から帰ってきた息子が不安げに、

「お母さん、僕の机の上、妙にきれいなんだけど、もしかしておばあちゃん?」

「えぇーっ、気づかなかった。なくなってる物がないか確かめなさいよ。どういう風になってるの?」

「やたらと全部重ねてある。おばあちゃんの好きそうな物はないと思うから大丈夫じゃない?」

翌朝、息子が血相を変えて降りてきた。今日学校に提出するプリントが一枚見つからないと。おばあちゃんは居間で新聞を広げている。チャンス。彼女の部屋に駆け上がる。洋服ダンスの中に方々から持ち込んだ週刊誌やら広告やら新聞やらが、一杯重ねてあったり、丸め

てあったりする。そこに見込みをつけて、一枚一枚めくっていく。あった！　広告のあいだに何食わぬ顔で、高校の名前の入ったプリントが混じっていた。無傷の状態に胸をなで下ろす。

私の高性能のアンテナをもってしても、おばあちゃんが三階の留守宅を訪問しているのをキャッチするのは難しいときがある。そもそもこの家はコンクリートだから、上の足音が聞こえにくい。階段を上るのも然り。怪しいと気づくのは二階が妙に静かすぎるとき。「ムムッ、やばいかな」と急に慌てて上に行ってみると、二階はもぬけの殻。

おばあちゃんが子供の部屋なんかに一歩でも足を踏み入れたら、目を輝かすこと請け合い。整理整頓されるべき素材が無尽蔵である。整頓意欲を大いに刺激しておいて、佳境に入った頃に止めさせるのは至難の業である。

おばあちゃんの整頓意欲の矛先が、私のタンスに向けられるなど当然のことで、何度か私の顔が引きつった。あるとき、例によっておばあちゃんの物にされてしまった私のスカートを手に持ってはさみを探している。「もう、はけないから直す」のだそうだ。まさに間一髪だった。

「ここは他人の部屋なんだから、入っちゃダメなのよ」と言えば、「私はさっき片づけてくれって頼まれたんだから」とか何とか、よく瞬時にそんな言い訳が出てくるモンだと感心してしまうようなことを口にして、決してひるまない。多分、口から出任せの言い訳ではなくて、本当にそう思いこんでしまうのだろう。

自分の想像と現実の区別がつかないのは毎度のことで、そうなると説得は無理。ここは力ずくになる。

そしておばあちゃんは怒る。

このお決まりのコースだけには乗せたくないと思っている。それには他人の部屋におばあちゃんが入る前にくい止めなければならない。それには私が事前に気づかなければならない。そのためには四六時中気が抜けない。しかし、それでは私の身が持たない。そして、理不尽な扱いを受けたと感じて不愉快な思いをするおばあちゃんもかわいそうだ。

介護ワンポイントアドバイス

叱るな！

ボケてしまった人に対応するときに、一番注意しなければならないのは「叱らない」ことです。本文中にもありますが、ボケに対して腹を立てるのは、百害あって一利なしです。

言って聞かない人に対して時には叱りつけるのは有効な手段の一つです。しかし、ボケてしまった人に対しては違います。

ボケてしまうと、学習能力がなくなります。つまり、仮に叱っても、また同じことを繰り返される覚悟が必要なのです。

ところが、叱られても直らないけれど、叱られたという不愉快さは残ります。結局、いたずらに相手を不愉快にさせただけという最悪の結果を招くだけなのです。

ボケてしまった人の困った行動に対しては、面倒くさがらず、その場に応じた臨機応変な対処が最善の選択といえます。

歳はとってもお化粧したい

チューブの誘惑

えっ、どうしてそんなこと、と唖然とさせられるようなことを平気でやってくれる。「お母さん、おばあちゃんが糊《のり》を顔とか手とかにつけてる。私が言ってもやめないの！」と娘が焦りまくって飛んできた。黄色いビニールのチューブに入ったあの古典的スタイルの糊《のり》である。娘が、使ったあとちょっとその辺に置きっぱなしにしたらしい。

気づいた娘が慌てて止めたら逆に怒られたという。「これは私のクリームなんだから、余計な口出しするんじゃない」とにらまれてしまったと。

当時中学一年の娘は小柄だし、どう見ても子供。高校一年の息子のことは大人だと思っているおばあちゃんにとって、娘は唯一高圧的に出られる対象になっている。だから、何かを娘に止められたりしても言うことを聞かない。子供には言われたくないらしい。逆に怒り出す。何であれ、自分のしていることは間違っていないと思っているのだから当然だろう。

言われっぱなしの娘には気の毒だが、適当にかわして我慢してもらうほかない。その分

「親はちゃんとキミの気持ちはわかっているから。我慢してくれてありがとう」とフォローを心がける。

さて、糊《のり》をつけたおばあちゃんは平気な顔をしているが、あちこち白く乾いて突っ張り掛けている。多少は気になるらしく、指先でこすったりしている。

糊《のり》を示して「おばあちゃん、これはクリームじゃなくて糊《のり》だよ。こんなのつけたらパリパリになっちゃうでしょう。早く洗い流さないと」と洗面所にせき立てるが動じない。「何よ、どこに行くのよ」と、事の次第がまったくわかっていないし、こちらの言うことも通じない。何のために洗うのかもわかっていないから、ちゃんと落とさせるのは大変。

こうして糊《のり》、および似たような形状の物品は危険物に指定され、決しておばあちゃんの目に触れるような所には置かないことが決議された。

やはり気になるブルーの液体

おばあちゃんはいつも二階の洗面所を使う。もちろん、意識してそうしているわけではなく、彼女の行動の流れで自然と自分の寝室の隣にある洗面所を使うようになる。一階の洗面所は他の家族が使うのだが、彼女の生活ルートからは多少それているので、それほど行かない。とはいえ、目的がないまま家の中をあちこち歩き回るので、たまたま洗面所に立ち寄ることもある。その日も洗面所のほうから戻ってきたおばあちゃんが何か匂わせている。「ムムッ、何かやったな」と彼女に鼻をくっつけて嗅いでみると、臭いのもとは顔。夫の何かをつけたことはわかったが、何なのかはわからない。洗面所に行って瓶の蓋を開けて確かめてみる。

ああなんと言うこと。ヘアトニックではないか。あんなにプンプン臭うほどつけて、ヒリヒリしないのだろうか。アフターシェーブローションとかにしておけばいいのに、何でよりによって整髪料なんか。

そしてまた、訳がわからないままのおばあちゃんを洗面所に引っ張っていき、顔を洗わせることになる。その日から、洗面台の周りに出ていた瓶類は、全て引き出しその他にしまい込まれる。今時の洗面台の引き出しや扉には取っ手がついていないから、おばあちゃんは開けようとしない。しかし、こうもすっきりと何にもないでは、探そうなんて気を起こされたら困る。万が一ということもある。そこで、おばあちゃん用の化粧水を一本置いておく。

常識だけでは追いつけない

洗面所には洗濯機がある。洗濯機の近くには洗剤が置いてある。このときもおばあちゃんが洗面所に入っていったのは知っていたが。洗面所の対策は完璧だから止めもせず、一応気をつけてだけはいた。できるだけ、許される範囲では自由にさせたいと思っている。だからいつも、おばあちゃんが見られているとは気づかせないように、こっそり監視する。

このときもそっと覗こうとすると、ペチャペチャと妙な音がする。とっさにマズイと思って駆け寄ったが、見るまではまさかこんなことをするとは想像だにしなかった。顔に乳液状の物をどっさりつけて両手で擦り込もうとしている。下を見るとウール用の液体洗剤。いくらピンクできれいでも、こんな大きなボトル、化粧品には見えないだろう。このときばかりは大声を出した。皮膚炎の恐れもあるから、こちらは必死である。

お湯を出して「まだまだ、もっとちゃんと洗って。ほら、まだまだ」と。「何よ、もういいわよ」と文句を言って洗おうとしないおばあちゃんを押さえつけて、有無を言わさず洗わせる。子供とは違うから力ずくでやらせるのは容易ではない。年寄りと言えど驚くほど力が強い。なぜ顔を洗わなければならないのかをわかってさえくれれば、大人なんだから何の苦労もない。しかし、こういう場合は、言葉が通じないのと同じくらいに、こちらの言うことを理解しない。危機感はゼロだし、「たかが顔を洗うのに何をそんなにムキになってるの、バカじゃないの、いい加減にしてよ」と彼女は思っているのだから、当然熱心には洗わない。

一方、原液の洗剤なんて、洗っても洗ってもなかなかヌルヌルが取れない。子供なら裸に剥《む》いてシャワーで一気に片をつけるところだが、大人ではそうもいかない。どうにかこうにか事なきを得たが、おばあちゃんが何をするかわからないことを再確認することになる。そして洗剤類も彼女の手の届かないところに移動させられた。

トイレの伝統的作法?

トイレットペーパー予備軍

あるとき、おばあちゃんの入ったトイレの中から、カシャカシャと硬い紙を揉む音がする。「えっ、まさか、そんな!」と私の中で警戒警報が鳴り響く。ここでドアを開けたら怒るだろうなぁとは思ったけれど、そんなことは言っていられない。トイレが詰まるよりは怒られるほうがマシだ。

「あっ、ごめんね。トイレットペーパーなかった?」と聞いてみると、なんと揉んでいるのは新聞の折り込み広告。しかも艶のある固そうなやつ。そしてトイレットペーパーは所定の位置にちゃんとあり、意外なことに彼女は「何のこと」という顔で怒りもしない。

未然にくい止め、しかもおばあちゃんを怒らせもせず、その場は胸をなで下ろしたが、もう油断できない。おばあちゃんがティッシュを握りしめてトイレに向かうのは毎度のことで、その都度、文句を言う彼女からいちいち取り上げていたのだが、たまに見逃しても少量だからすぐに詰まることもないだろうと高をくくり、それほど神経質にもならずにいた。しかし、広告はいけません。一発でアウトです。

おばあちゃんのトイレ行きはチェックしやすい。毎回「ここの家の便所はどこなの。私は初めてで、まだ行ったことがないから」と誰かに聞くか、キョロキョロ、ウロウロするからすぐにわかる。ところが、起き抜けに二階のトイレに行くときなどは、いとも簡単に迷わず直行する。どうも意識するとわからないけれども、無意識に行動するときは体が覚えていて、勝手に動くようである。そういうときは紙を持参することもない。しかし、そういう状況は少ない。

この広告事件のあとからは、頻繁にそういうことをするようになり、こちらもキャッチがうまくなっていった。広告に限らず、手近にある紙なら何でもいい。たまたまそれがティッシュだったり、雑誌だったり、新聞だったりする。うっかりすると、書類やノートまで便所紙にされかねない。ますます置きっぱなし禁止が強化され、ますます私の耳は性能がよくなった。

おばあちゃんのトイレ準備は、まず程よい大きさに紙を破く。紙を破く音がしたときはトイレサインだから、先回りして手を打つ。しかしすべてはキャッチしきれないし、その紙を袖の中や胸元にしまい込んでしまうので見逃す場合もある。彼女にしても、トイレに入ってしまえば、しまい込んだ紙のことは忘れてしまい、目の前にあるトイレットペーパーに手がいく場合も多いが、いつもそうとは限らない。そしてついに、トイレが詰まって溢れかけたことが二度ほどある。

今思えば、もう少しうまい手があったような気もするが、そればかりは事前察知以外の策が見つけられなかった。子供のように繰り返し教え続ければ身につくものでは決してない。ひどくなることはあっても、よくなることはない。ただ、周りの者が先回りすれば、問題を大きくせずに済むし、大騒ぎにもならずに済むから、奇行も目立たずに済む。

トイレに新聞紙などを持っていこうとするのは、やはり五十年くらい前の生活習慣なのだろう。そんな必要のない生活のほうが長いだろうに不思議だ。物をポケットではなく袖の中や胸元に入れるのも、和服の習慣だろう。そういう日常的な生活習慣までもがタイムスリップしてしまっている。

しかし一方では、いったんトイレに入ってしまえば、洋式トイレもロールペーパーも難なく自然に使いこなしてしまう。意識とは別に体が覚えているということか。

介護ワンポイントアドバイス

取り扱い注意！

よく薬や洗剤などの注意書きに「子供の手の届かないところに保管してください」と書いてあります。それはそのままボケてしまった人にも適用されます。

ボケてしまった人は子供と同じです。危険なものでも構わず口に入れてしまうし、身体につけてしまいます。

また、学習能力もなくなっているので、一度危険な目にあっても、同じことを繰り返す危険性があります。その意味で、子供より危ないかも知れません。

ボケてしまった人のいる家では、医薬品および洗剤、その他の取り扱いには十分注意してください。

第三章　生活の中のボケ対処法

鍵《かぎ》強化の歴史

南京錠とチェーンロックの融合

日が経つにつれ、おばあちゃんも落ち着くだろうという考えは楽観的に過ぎたようだ。次から次へと思いがけない困ったことをしてくれるし、相変わらず不毛なやりとりが延々と繰り返される。そしていつまで経っても、この家に住んでいるという認識はない。

しかし、こちらは少しずつ慣れ、少しずつ予測できるようになり、収拾がつかなくなる**前に先回りして対応**するのも上手くなっていった。

困ることの筆頭はなんと言っても**一人で外に出ていってしまうこと**。出たら最後、自力で戻ってくることは確実に不可能。下手をすると命に関わる。

幸いなことに、失踪事件はあのとき以来一度もない。出ようとすることは日常茶飯事だが、のっけからの大騒動のおかげで、**鍵の強化、徹底を最優先事項**にして対処できた。

まずは玄関ドア。初めのうちはドアチェーンの外し方がわからなくガチャガチャさせるだけだった。しかし偶然開けてしまうこともある。チェーン突破に備えて、もっと確実な方法、何かよい方法はないかと考えてみるが思いつかない。玄関ドアだから、がんじがらめにしてしまったのでは、人が来たときすぐに開けられない。そこで、簡単に取りつけられて、ワンタッチで開閉できる何かがないものかとホームセンターなどで探したが、見つからない。

そんな折、夫が世紀の大発明をやった。後にも先にもこのときほど夫の頭の良さに感動したことはない。

さてその方法だが、小さな南京錠が一個あればいい。ドアチェーンの輪の一つに南京錠を引っかけ、二つ三つ飛ばしてもう一つの輪に引っかけパチンと閉める。要するに、チェーンを短くすることによって、引き上げて外す余裕をなくしてしまう。そして南京錠のキーのほうは、おばあちゃんの届かない高さで目立たないところにぶら下げておく。多少面倒でも習慣にしてしまえばなんということもない。うっかり忘れのないように、**ドアを閉めたら必ず南京錠も閉める**ように、家族全員習慣にするように努める。

しかし、これで完璧なわけではない。理由は二つ。一つ、外からはセットできない。一つ、玄関の他に庭に面した引き違いのアルミサッシのテラス戸から外に出ていける。

普段こちら側からは直接出ようとはしないのだが、ついに玄関から出られないと知るや、庭のほうから出ようとしたのを目撃した。一刻の猶予もならない。芯張り棒では役に立たないし、業者に頼んで外からかける鍵をつけてもらうとずいぶんお金がかかる。さあ、どうしたものか……。

秘密兵器「パッチン止め」

ところが、ホームセンターに、恐ろしく単純で取りつけ簡単で安い物を見つけた。実に合理的で感心してしまう。**サッシの補助錠**と表示してあったので、まさか痴呆老人のために開発されたわけではないのだろうが、まさにこちらが望んでいた商品。

二枚のサッシの重なり合う部分のすぐ横に、両面テープでちょいと接着するだけ。幅1・5センチ長さ5センチくらいの薄いアルミプレートが二枚重なっていて、外側になるほうの一枚を指先でスライドさせると、直角三角形ができる。それに当たってサッシは二枚とも動かない仕組みだ。

わが家では、この画期的な助っ人を**パッチン止め**と呼ぶことにした。小さいし、サッシの上部につけておけば、たいていの人は気づかない。それだけでは泥棒よけにはならないが、おばあちゃんの外出よけには充分である。これをサッシの内側と外側の両方にくっつける。

もちろん網戸にも忘れずに。これで知らないあいだに出て行かれる心配はなくなった。完璧である。夜安心して眠れるということは、毎日の生活には必須条件である。外にさえ出なければ、家の中で何をやろうとたかが知れている。

こうして、玄関のドアチェーンに南京錠がロックされているのが通常の形になったわが家では、いつの間にかみんな庭から出入りするのが普通になってしまった。夫の送り迎えでおばあちゃんを家に残していくときなど、庭のほうから出て外側のその**パッチン止め**をワンタッチで起こせば完了。中にいるときは当然、内側のヤツを起こしておく。

素知らぬふりをして、おばあちゃんの目の前で何度となくその操作をやったが、ただの一度もおばあちゃんがそれに気づいたことはない。たいていのことはいつの間にか突破されてしまうのだが、彼女の過去の生活の中に存在しなかったものについてはわからないようだ。そして、そのパッチン止めの活躍する場所が、子供の部屋、夫婦の部屋と家の中に次第に増えていくことになる。

ちなみに、それと同じ原理のものがすでについている新型のアルミサッシがある。のちに家を建てたときに知って感動したのだが、欲をいえば下部でなく上部についていればなおよい。気づかれることはまずないと思うが、それは人によるだろうし、高いところは見えにくく届きにくい。

老人が急激に増えている昨今、そういう観点からの商品の研究開発が成《な》されれば、助かる人が山ほどいるはずだ。ほんのちょっとした工夫で、介護する者の負担は天と地ほどの違いが出てくる。あまり負担が大きいと、遠からず介護する者が壊れる。介護する者が壊れれば、介護される者も壊れる。介護をまっとうしようと決心したら、負担を減らす努力をしなければならない。

「ないない」対策

通帳を隠してしまえ

何が我慢できないといって、お金の絡む取った取られたほど嫌なことはない。ボケのせいだとわかってはいても、面と向かって言われれば腹立ちは抑えられないし、決して慣れることもない。

わが家に来る前の、おばあちゃんのあのお金の妄想にとりつかれた生活をなんとしても断ち切らねばと考え、引っ越しのどさくさに紛れて、私は次のことを実行した。

まず、預金通帳をおばあちゃんの目から消し去った。あれだけ、暇さえあれば広げていた通帳である。成功するか否かはあまり自信がなかったし、多少怖かった。しかし理屈は通らないのだから、強硬手段に訴えるしかない。案の定、初めのうちは「通帳を知らないか」と何度も聞かれた。知らないどころではない。取り上げた張本人なのだから答えようがない。預かっているとも言えないし、嘘をつく以外にない。

「ねえ、ちょっと。通帳が一冊もないんだけど、アンタどこにあるか知らない？」

「ええっ、通帳？　私は知らないわよ」

と、さも驚いた風な顔をして答える。

私のことを誰なのかわからないおばあちゃんは、私に聞いてもしょうがないとあきらめて、そこで切り上げる場合もある。しかし、食い下がられた場合は、

「私に聞かれてもわからないから○○さんが帰ってきたら聞いてみたら」

と夫の名前を出して逃げる。

「ああら、○○今日ここに来るの？　ああよかった。じゃあそのとき聞いてみよう」

かと思えば、また別の時、

「ねえちょっと。○○どこにいったか知らない？　私の通帳持っていっちゃったのよ。○○が今日ここに来たでしょう？」

夫のことである。

「さあ、どこにいったかは私は知らないわ」

ひたすら逃げの一手。知らぬ存ぜぬで通す。あとは何とか話題を逸らし、一刻も早く忘れさせるのみ。夫が帰ってきたときなど、もうとっくに忘れている。そんなことを何度となく繰り返しているうちに、次第に通帳のことを口にしなくなった。

ずっと継続していたことも、ある一定期間そのことを遠ざけると忘れてしまうらしい。このことは都合のよいこともある代わりに、気をつけなければならないことでもある。例えば、病気でしばらく寝込んで、ずっと寝間着を着ていると、治ってからも着替えなくなってしまう。全部が全部ではないが、そういうことが多い気がする。もっとも、そんなことに気づいたのは、一緒に暮らし初めてずっとあとのことであるが。

通帳を取り上げてしまうほかに、おばあちゃんの前では決してそれを連想させるようなことは口にしない。銀行とか郵便局などはタブー。お金に関する話題も御法度。おばあちゃんの年金の支払い通知書などは目に触れないように、即しまい込む。

徹底してお金から遠ざけたとはいっても、ある程度現金は持っていないと心細いだろうと思い、彼女の財布の中には一万円札五枚と千円札を三～四枚入れて置いた。常にそのくらいの額を保つようにし、時々点検して補ったりもする。

彼女が買い物をすることはないのだが、不思議と中身が減る。こっそり彼女の部屋を探してみると、意外なところから一枚、また一枚と出てくる。普段まったく使っていないバッグの中だったり、雑誌の間からも出てきたことがあった。結局見つからなかったものもある。

子供たちにお土産代わりといって渡すお金は、その都度こっそり戻しておくので、何度も財布と子供や私の手を行き来している。

以前、一人で何時間も通帳を眺めていたように、今は自分の部屋で長いこと財布の中身を点検していることがある。そのため、お札は今時お目にかかったことがないほどヨレヨレになる。

失せもの探し最終マニュアル

その大切な財布を入れておく大切なバッグがある。八十二歳でハワイに行ったときに買ったショルダーバッグで、家の中でも肌身離さず持って歩く。大きめのバッグで、中身は財布の他には毎日入れ替わり雑多なものが入れてある。「よくもまあ、こんなものを」と思うようなものをぎゅうぎゅうに詰め込み、出し入れしている。そして時々、財布がなくなったと言いだし、憤慨したり、悲嘆にくれたりして訴える。

「自分の部屋にあるんだから探してらっしゃい」と言うと、自分の部屋がどこにあるのかわからない。二階の部屋に誘導し、「もう一度ちゃんと探せば出てくるから」と言って私は一階に下りる。やってる端から忘れていくおばあちゃんは、何度でも同じことを繰り返す。こちらが忙しいときは何度も二階に連れていっては置いてくる。結局は一緒に探してあげるのだが、その探し方にも一工夫いることがわかった。

以前一緒に探して、私が見つけてあげたときのこと。「あら、よく知ってるわね」と意味ありげな顔をされた。「そんなところにしまい込んだのは自分だろう、私の仕業だとでもいうような顔をして」と腹が立った。それからは、できるだけ自分で見つけさせるように決めた。

まず私が先に一人でおばあちゃんの部屋に行き、失せものを探し出してしまう。何度もやってるうちに、財布などの定番の失せものの在処《ありか》はだいたい察しがつく。「あれだけ探してどうして見つけられないの」というような単純な場所にあることが多い。おばあちゃんの探し方を見ていると、途中から自分が何を探しているのかを忘れてしまい、ものを探しているということすら忘れてしまうようだ。だから、始めから一緒に探すというのはひどく能率が悪い。とはいえ、おばあちゃんの目の前で、私がどんどんタンスの中をひっくり返すのは気が引ける。

だから先回りして見つけて置いてから、おばあちゃんを連れてきて、自分で見つけるように誘導する。財布を見つけたときの喜びようは大変なものだ。それはそうだ、自分では本当になくしたと思い、深刻に落ち込むのだから。こちらは全部見えているから、「やれやれまたか」と驚いてもみせず、同情もせず、冷淡なものであるが、本人には**「また」という意識はないのだから、その都度一大事なのである。**

代用品でも事足りる

しょっちゅう行方不明になって、見つけるのに手間取るのが印鑑。おばあちゃんにとって特別大切なものだから、しまい込み方も念が入っている。次から次へととんでもないところに隠す。自分でやっておいて、すっかり忘れて、誰かが持っていったと大騒ぎをする。真夜中ぐっすり眠っているときに、部屋に入ってきて「私の印鑑返しなさいよ」と突然起こされたことが何度かある。あれには度肝を抜かれる。

こちらにしてみれば「勘弁してよ」だが、夜中も昼間も関係なしのおばあちゃんには通用しない。「夜中なのだから寝るべきだ」などと説得しようとするより、起きて見つけだしてやるほうが早い。こじらせてしまったら寝るどころではなくなってしまう。今思えば、非常用になくしてもいいような予備の印鑑を準備しておけばよかったと思う。

「印鑑がなければ役所で仕事ができない」と言って困っていたのだから「見つかるまでこれ使ってて。今度ちゃんと探そう」で、多分その場はしのげたはずだ。でも当時はそこまで考えが及ばなかった。返す返すも悔しい。

そうこうしているうちに、とうとう印鑑が本当に見つからなくなってしまった。おばあちゃんの**印鑑がない攻勢**に耐えきれず、「○○さんが、新しい印鑑を買ってきてくれたんだって」と言って私の認め印を新しいケースに入れて渡してみた。「違う印鑑じゃダメだ」と言われるかと思いきや、「ああ、良かったわ」で円満解決。その後、もとの印鑑のことを言ったことはない。「印鑑返してよ」は相変わらず続くが、諸悪の根元と思われる**通帳**が彼女の頭の中から消えてしまったのは喜ばしい。

不毛なやりとり解消法

正解は思わぬところに……

スーツの上にオーバーを着てショルダーバッグを提げて「おはよう」と登場するのが、おばあちゃんの毎朝の日課になってしまった。夫が出勤する頃である。「ささ、私も一緒に出かけましょうかね」と当たり前のような顔をしている。これまた毎朝、どこに、と聞けば、「役所」と答える。最初のうちは仰天して、何とか現実を悟らせようと無駄な努力をしたが、回を重ねるうちに、それも社交辞令のようなものになっていった。

朝の忙しい時間、夫は「母さんが出かけるには早すぎるから、俺は先に行くよ。じゃ、行って来ます」とそそくさと家を出る。私は駅まで車で送っていくので、後に続いて庭のほうから出る。外側からパッチン止めをセットして、よく状況を飲み込めずに見送るおばあちゃんに手を振る。

往復十分。戻ってくると彼女はオーバーを着たまま所在なさげにしている。私はまず「まだ早いからコートは脱いできたら」と言って、ひとまず彼女の部屋に行かせる。いったん自分の部屋に入ると、目についたものに気を取られたりしてしばらくそこにいることもあるし、すぐにまた下りてくることもあるが、夫を送り出したときからの連続性はとぎれる。同じようにまたオーバーを着て下りてきて、「役所に行かなければ」と言う。ここからが腕の見せ所。さも初めて聞いたという顔をして言う。

「あら、おばあちゃん、今日は日曜日よ。役所はお休み」

「ええっ、日曜日なの。あらまあちっとも気づかなかった。アッハッハ。なあんだ、じゃ、今日は行かなくていいんだ」

と、超スピードで円満解決。そして、「だからスーツじゃなくて普段着に着替えたほうがいいよ」と部屋に戻し、私は子供たちを送り出すことに奔走する。また、「役所に行く」と言いだしたら、また同じ手を使う。繰り返しても鮮度は落ちない。「日曜なのに、なぜ子供たちは学校に行くのか」と言うところまでは詮索してこない。

この妙案は偶然の産物。本当の日曜日に、面倒くさくなったので一切の説得を省いて、「今日は日曜日だからお休みよ」と言ってみたら、拍子抜けするほどすんなりと納得した。予想外の効果に気をよくして翌日も使ってみた。問題なし。そして連日、切り札を乱発しても効力は落ちない。おばあちゃんは季節や日付、曜日はもとより時間の観念もなくなっている。

いつも腕時計をしていて「今何時?」と口にするが、時刻は意味を持たない数字でしかない。時計の文字盤は小さいのにちゃんと読める。せっかく読めるのだから、読めなくならないように私に時間を聞いたときには、逆に聞き返して時計を読ませる。時々上下を逆にはめて、お昼の十二時半を六時と言ったりするが、何の疑問も持たない。お昼に「ご飯よ」と言うと「あら晩ご飯?」と言うし、夜中だろうが日中だろうが、目が覚めたときはいつも朝。昼間「もう二時よ」と私が言うと平気で「あら、もう夜中の二時?」と言ったりする。明るいからとか暗いからとかは関係ない。

もちろん季節などまったく関知しない。夏だというのに毎朝オーバーを着て下りてくるし、窓の外に白っぽい色の屋根を見ると、雪が積もっているという。そんなわけだから、「毎日が日曜日」くらいはどうということはない。

逃げるが勝ち

この手のかわし方を覚えた私は多方面に応用する。朝から夕方までおばあちゃんと二人だけでいるのだから、上手にかわさなければ身が持たない。不毛なやりとりに発展しそうな話題はこの手で行く。

「ばあちゃんはどこにいるか知ってる？」

と来れば、

「さあ、私は会ったこともないし、全然わからないわ。今度○○さんに聞いておくね」

知らないと言われれば、これ以上続かない。

「さて、そろそろ帰ろうかな」

が始まれば、

「○○さんがもうじき帰ってくると思うから、それまで少し待ってて」

とか、

「今、これが終わったら送って行くから、ちょっとテレビでも見ててね」

とか、

「今日はもう遅いからここに泊まって、明日帰ったほうがいいんじゃない。もう真っ暗だよ」

とか。

「そうね」と言ってまもなく忘れてしまう。

要は**とりあえず否定をしないこと**。現実を理解させようとしたら、彼女の言うことのすべてを否定しなければならない。否定されれば誰でも面白くない。不愉快にさせた上に理解させることもかなわない。お互いにいらだって消耗するだけでは、現実も真実も色あせる。それこそ嘘も方便、機嫌よく、その場さえしのげばよいのである。だって、そのために迷惑する人は誰もいないんだから。

入浴はみんなの幸せ

オリジナル究極入浴術完全マニュアル

おばあちゃんは、汚れた服を洗濯に出さない。ほっとけば永久に出さないのではないかと思う。それは清潔観念がないとか不潔なのとは違う。汚れたかどうかを見分ける能力がなくなっていることと、脱いだことを忘れてしまうためだ。

夏の暑い夜など、汗をかいて自分で着替えることがある。私は常に目を光らせているので、彼女が着替えるのはすぐにわかる。しかし、脱いだ服は見あたらない。彼女が一階に下りて行ってから、彼女の部屋の家捜しを始める。

汚れた服だけ丸めてその辺に突っ込んであるのなら見つけやすいが、そうではない。それはそれはきれいに畳んで、洗い立ての服などと一緒に肩を並べて収まっている。着替えてしまうと、あとに残った下着などは今脱いだということを忘れてしまう。整頓好きのおばあちゃんは、もちろん脱ぎっぱなしなどしないから、ビシッと畳んでタンスに収める。

風呂上がりの着替えも同じこと。お風呂はちゃんと一人で入《はい》れる。入り方には多少問題があって、おばあちゃんが入ったあとにはお湯を入れ替える必要があるのだが、てきぱきと威勢のいい入り方をする。返事だけはするけれども、髪は絶対に洗わないので、それだけは洗ってあげるようにする。もちろん、浴室に数々あるシャンプー類は彼女の手の届かないところに置き、昔ながらの石鹸だけを出しておく。中の様子がわかるように浴室のドアは開けておく。

そろそろ上がるタイミングだなと思う頃は、近くでうかがっていて、出てきたら「あら、上がったの。背中拭いてあげようか」と、いかにも偶然通りかかったような顔をして洗面所に入っていく。そして、はい下着、はいパジャマ、と流れるようにことを運び、まだ何か物足りないといった風情に気づかないフリをして、居間に再び腰をすえる前に、そのまま二階の寝室に誘導する。ちょっとお節介が過ぎるようであるが、これも試行錯誤の結果である。最初は介入は最小限の方針だったが、結果に応じて段階的に対策も強化していった。

第一段階——普通のやり方

着替え用の下着とパジャマを脱衣所にそろえておく。しかし、上がってきた彼女は脱いだ服をそのままそっくり身につけ、パジャマと下着は抱えている。

第二段階――修正版

脱衣かごには洗濯した下着とパジャマだけを入れ、彼女が浴室にいるあいだに汚れた服は洗濯物入れによけておき、カーディガンやスカートなど洗濯の必要のないものは彼女の部屋に持っていってしまう。

その結果、確かに彼女はパジャマ姿で出ては来たが、何か抱えている。なんと洗濯物入れによけたはずの服をしっかり抱えているではないか。

その後も、洗濯かごから引っぱり出した下着ときれいな下着の両方とも着てしまったり、いつの間にか他人の汚れ物まで彼女のタンスの中に収まっていたり、ナイロンタオルや石鹸まで部屋に持っていったりと、お風呂から上がってから洗面所を出るまでのあいだに、何かやらずにおれない。手ぶらで洗面所を出るのが物足りないらしい。

毎回毎回、何が何でも洗濯かごが気になる。引っぱり出さずにおれない。狭い家の中で洗濯かごの置き場所はそこ以外にはない。彼女が入浴するときだけ廊下のほうに出したりしてみても、今度は他のものに手が伸びる。

第三段階——完成マニュアル

脱衣かごにはきれいな下着とパジャマ。横にスカートか何か、何でもいいから二枚くらい置いておく。汚れた服は洗濯かごに入れ、できるだけ奥のほうに押しやる。

さて、おばあちゃんが浴室から出てきたら、すかさず通りかかって、ついでを装って手伝う。洗濯かごなどに執拗に伸びる手をカットしながら、てきぱきとパジャマを着せる。「さて、もっとあるはずだけど」とまた洗濯かごに伸びる手をさえぎって、準備しておいたスカートなどを持たせる。「これは私のだから」と持っていこうとする濡れたタオルなども「これは私が干しておくから」と押しとどめ、居間に入っていこうとする前に「さあ、こっちでお休みください」と二階まで連れていく。

そんなわけで、おばあちゃんは自分から洗濯物を出すことはなく、汚れ物という意識もなく、すべてタンスにしまい込む。そこで、おばあちゃんが部屋にいないときに汚れ物探しにタンスの中を点検する。汚れ物の他にも意外なものが見つかって、それぞれの場所に戻しておいたりと、これは大切な私の日課になっている。

寝る気にさせよう——あの手この手

湯上がりのおばあちゃんを居間に寄らずに寝室に直行させるのにも訳がある。「年寄りが早寝早起き」というのはおばあちゃんには当たらない。もともと夜ふかし派の彼女だが、ボケてしまってからは昼夜の区別がつかないのでますます寝ようとしない。ほっておけばいつまでも居間から離れない。居眠りはするのだが、「もう休んだら」と言うと必ず「まだ眠くないからいい」と答えて動こうとしない。はっきり言って程々のところで引っ込んで欲しい。ゆっくりお茶も飲みたいし、話もしたいし、テレビも見たい。

そこで、そろそろお引き取り願おうというタイミングにお風呂を登場させる。しかし、湯上がりに居間に戻ってこられたのでは元も子もない。先ほどの入浴マニュアルの出番である。とはいえ、お風呂に入らない日や、いったん寝室誘導に成功しても再び降りてくることもある。でも大丈夫。奥の手がある。

一同立ち上がり「さあ寝よう」といって電気を消し、それぞれの寝室に行くフリをする。「さあ、おばあちゃんも寝ましょう」と促すと、「あらそう、じゃ寝ましょうか」と従う。私がおばあちゃんを連れて二階に着くか着かないかのうちに、下は電気もテレビもつくのだが、それには気づかない。一件落着。

何しろ「もう寝たほうがいいんじゃない」と少々しつこく言ったりすると、「私はまだいいわよ。アンタ先に寝ればいいじゃないの」とか「何よ、人を邪魔にして」などと言って不機嫌になるから、いろいろ演出しなければならない。結局一番手っ取り早いのが消灯作戦だったのだ。

あの手この手で寝る気にさせて、二階も静かになると、何となく子どもたちも下りてきてお茶になる。誰も口には出さないが、空気がちょっと軽くなって弛緩ムードが漂う。

ふと気がつくと、いつの間にか子どもたちは引き上げ、私はソファーで眠り込み、夫は床にごろ寝スタイルで熟睡。テレビだけが観客もないのにむなしくまくし立てている。

頭上でガタガタといつもの音。時計を見上げると午前0時をとうに回っている。おばあちゃんの朝が始まった。

介護ワンポイントアドバイス

超効率的入浴術

★汚れ物はおばあちゃんが入浴している間に、洗濯かごにしまい遠くに押しやっておく。

★自分で洗えない個所は、さりげなく入っていって手伝うようにする。

おばあちゃんの仕事

キャリアが光る「洗濯物畳み」

いろいろ試してみて、おばあちゃんが唯一家事に参加できるのが**洗濯物畳み**。それはそれは丁寧にしわを伸ばして、きちっと畳む。ボケる前はどちらかというと逆で、何事もさっさと早いのが取り柄の人だった。では、なぜそうなったのだろう。

どうも和服、それも浴衣の畳み方なのではないかと思い当たる。すべて袖畳みにしてしまうので、Ｙシャツ類などは、襟のあたりを実に複雑に折り畳む。安ものの伸びきったようなTシャツなど、どんなに努力しようと縫い目と布目が合わないから、延々とそれと格闘することになる。そして畳んだものを重ねた上に重石《おもし》をする。座布団を乗っけたり、自分がその上に座ったり。それはちょっといただけないので、「それはいいから」とどいてもらうが、次に見るとまた乗っている。

おかげでパジャマであれGパンであれ、ズボン状のものにはすべてくっきりと折り山がつけられることになるのだが、高校生の息子から「Gパンだけはおばあちゃんに渡してくれるな」と直訴された。

おまけに少し湿っぽいくらいが畳むのにちょうどいいなどと言って、乾ききっていない洗濯物を勝手に取り入れて畳んだりする。物干しが二階のベランダなので、気づかないうちにそれをやられて、おばあちゃんのタンスにぎゅうぎゅうに全部しまい込まれたことがある。それからはおばあちゃんがベランダに出る音にも敏感になった。過剰なほどのしわ伸ばし、袖畳み、重石、生乾き、私もよく知らないが、多分それは浴衣の畳み方ではなかろうか。そういった生活習慣の昔返りはあちこちに見られた。

そんなわけで洗濯物畳みはたっぷり時間がかかる。それはとても歓迎すべきことなのだが、時間がかかりすぎるのはよくない。

ある限度を超えると、洗濯物畳みが洗濯物畳みでなくなってくる。何か違うことをやってるつもりになることもあれば、何をどうやっていいのかわからなくなることもある。タオルを全部重ねてぐるぐる巻にしてみたり、一度畳んだものを広げてみたりと、行動がおかしくなってくる。また、表情も怪しくなってくる。だから、ときどき表情をうかがいながら、そうなる前に切り上げさせる。

トラブル回避はタイミングの妙

畳み終わったものを回収するのもタイミングがいる。終わったら間髪入れずに「どうもありがとう」と言って、素早く二階に持っていく。畳み始めは「畳んであげる」と気持ちよく作業に取りかかるのだが、畳み終わる頃には自分のものになってしまっている。だから回収にはコツがいる。

呆気にとられている間に彼女の目の前からなくしてしまうのがコツ。目の前から消えれば忘れる。ぐずぐずしていると「ちょっと、どこに持って行くつもり。人のものを何でもかんでも持っていかないでよ」とこれがなかなかの迫力で怖い。「おばあちゃんのは、はいこれ」とおばあちゃんの分だけ残しても全体の五分の一。これでは不満と見える。「何言ってるの、全部私のよ」とくるから、夫のパンツなど広げて見せて、「ほら男物の下着よ。おばあちゃんのじゃないでしょう」と納得させようとするが、「男物だって私ははくんだから」。もうこうなったらお手上げ。対抗手段はない。回収はあきらめて、好きにさせておく。興味を失った頃に黙って回収すればなんということもない。

洗濯物に限らず、あちらこちらから多種多様なものがおばあちゃんのものにされてしまい雲隠れするのだが、たいていは彼女の周辺から出てくる。急がず慌てず、彼女の見ていないときに回収すればそれで済む。

しかし、捜索が難航することも多いし、原形をとどめていない場合もある。雲隠れは未然に防止するに越したことはない。

対策は一つ。

なくなって困るものは出しっぱなしにするべからず。

これ以外にない。おかげでアメーバのごとくに浸食する出しっぱなし、置きっぱなしのものが居間から消えた。さらに、二階三階まで持って上がる面倒さゆえに、次々と階段に違法駐車している雑多なものが消え、すっきりとした。

大事なものがなくなるのは、出しておいた当人が悪いを徹底させる。それでも子供たちは、つい以前の癖が出る。「なくなっても壊れてもいいのね、知らないよ」と言うと慌てて片づける。**おばあちゃん効果**もなかなか大したものである。

洗濯物畳み

★単純作業だが、おばあちゃんのキャリアを活かせる洗濯畳み。
ボケた人でも家事に参加できるので有効に利用したい。

おばあちゃんができること

どうせやるなら楽しく

おばあちゃんができることは何か。何ができるかを探さなければならない。

自分からやることといえば、タンスの中身の出し入れ、ティッシュを箱から一枚一枚全部抜き出して、広げて重ねること、箱とか写真とか、糊《のり》で接着されている部分を、丹念にことごとくはがしてしまうこと、そんなことを一時間も二時間もやっている。

私たちから見れば、無意味であり、困ったことばかりなのだ。それをやるのは、せめて、相手する人のいない明け方だけに止《とど》めよう。本人にとっては意味のある仕事らしいから、ある程度は悪くないのだろうが、日中はもっとマシなことをしてほしい。しかし、それ以外のことを自分からしようとすることはない。

家事への参加が一番よいのであろうが、これが予想以上にできない。根気強く、手取り足取り、あとでやり直すことも覚悟でやらせれば、もっとできるのかもしれない。しかし、私はそれほど我慢強くも、根気強くもないし、家事は常に現在進行形である。働き盛りの夫と、高校生の息子と中学生の娘、ただでさえ時間に追われることが多い。

幸い洗濯物は、毎日山のようにあるし、おばあちゃんが畳むのには、たっぷり一時間か、それ以上かかる。これは貴重なカードで、無駄には使えない。だから、お天気が悪くて乾かないときなどは、困ってしまう。一度畳んだものを、ぐじゃぐじゃにして、知らんぷりして、それを畳んでもらったことさえある。おばあちゃんのその日課のおかげで、いつも積み重なっていた洗濯物の山が家の中から消えて、すっきりした。

趣味的なもので、楽しめることがあれば苦労はないのだが、これがありそうでない。次から次へと、やった先から忘れていくから、物事を順序立ててやることは無理。だから、毎日少しずつやるのも意味がない。**彼女の中に続きは存在しない**から、コツコツやった達成感などというものは無縁である。

趣味を発掘しよう

おばあちゃんもできることは何だろう。その条件を考えてみた。彼女のこれまでの行動を考えると、この条件のどれを外してもうまくいかないことは十分に予想される。

1　短時間、せいぜい二時間くらいで、完結するもの
2　はじめからひと目で何をやっているのか、全貌の見えるもの
3　二つ以上のものを広げず、一つで済むもの
4　技術的に簡単なもの
5　彼女が楽しんで、もしくは熱心にやれるもの
6　そして、私が傍らでほかのことをやりながら、時々教えたり、手伝ったりで済むもの

結局、これらの条件をクリアしたものが、唯一、**雑巾縫い**だった。それからというもの、雑巾縫いは、洗濯物畳みと並ぶ、最重要カードとなる。

それ以来、おばあちゃんはほとんど休むことなく、くる日もくる日も雑巾を生み出した。材料の供給も大変である。使い古しのタオルから始まって、家中から縫えそうなものを動員し尽くした。バスタオルからお産の時の腹帯まで。晒《さら》しでも買ってくれれば簡単なのだが、昔の人である。新しいものを雑巾にするのには抵抗があろうと、配慮したのである。

とにかく、考えられ得る限りのものが雑巾に変わった。使い心地などは二の次三の次。ただ縫いやすければそれでよい。家の中の材料が底をつくと、友だちから古いシーツなどを提

供してもらい、なんとか雑巾らしくできたものを引き取ってもらった。それもやがて限界がきて、ついに晒《さら》しを買う。

ところが、新しい晒《さら》しにおばあちゃんは何の抵抗も示さない。それまで使い古しの材料にこだわってきたのは、私の勝手な思い込みであったようだ。めでたし、めでたしであるが、何だか肩透かしを食ってしまった。

そして、雑巾縫いマニュアルも、試行錯誤を経て完成した。

雑巾縫いマニュアル完成版

教訓その1――準備万端

最初は、タオルと裁縫箱を渡して、「おばあちゃん、雑巾を縫って欲しいんだけど」と言ってみた。「ああいいわよ。いくらでも縫いますよ」と、ニコニコする。年齢の割には目はとびきりいいし、手先もよく利く。さて、タオルを手にとるが、どうしていいのかわからない。ためつすがめつするうちに、畳んでしまう。

「おばあちゃん、これを雑巾に縫って欲しいの」と再度言うと、「ああ、これで雑巾縫うの、いいわよ、縫ってあげますよ。どれ」と言って、また広げるが、先には進まない。これでは駄目だ。ちょうどいい大きさに切って、待ち針で止めて、針に糸を通し、縫うだけにして手渡す。

「これを雑巾に、縫ってもらえる？」

「あら、雑巾なの。いいわよ、私は下手なんだけど、いいの？」

返事の軽やかさとは裏腹に、どうはじめていいのか、わからない。

「まず、ずっと縁を縫ったら、ここを、こう」

「ああ、そうねぇ、なるほど。私は下手なのよ。ばあちゃんに、いつも『お前は本当に手が汚いんだから。そんなじゃ駄目よ』って言われているんだから。段々に練習して上手になりま～す」

と可愛らしく、さかんに謙遜しながら縫いだした。

教訓その2――一目瞭然

少し進むと、どこを縫ったのかわからなくなっているのに気がついた。これは私のミス。白い布を白い糸で縫わせていたから、よく見えないのだ。急遽、黒い糸に変える。「えっ、黒い糸なんてみっともないじゃない」と言うおばあちゃんに、「ごめん、白い糸がなくなっちゃったのよ」と、ごまかす。

教訓その3――先手必勝

針に糸を通そうと、おばあちゃんが四苦八苦している。気づいたが、できるだけ自分でやらせようと思い、手を出さない。やはり、どうしても無理なようなので「私が通そうか」と言ってみる。

「あら、悪いわねェ、何だか通らないのよ。針の穴が塞がっているんじゃないかしら」と言いながら、よこす。「はい」と通してやると、「あら、アンタよく通せたわねェ。アンタにできて何で、私にはできないのかしら。まったく情けないわねぇ」と、通してやるたびに言い、どうしても納得いかない、という顔をする。

おばあちゃんは、私の倍も年をとっているということを、知らないのである。毎回、その台詞を聞くのも気が重いから、針を二〜三本準備し、空いた針にはさっさと糸を通してしまい、彼女が見つけやすいところに、控えさせておく。

教訓その4――軌道修正

縁を縫い終わると、そこで止《や》めてしまおうとする。

「おばあちゃん、これは雑巾なんだから、中のほうも縫わなきゃ」

と促すと、

「あら、これは雑巾なの。さて、じゃ、どういうふうにすればいいかねぇ」

と考え込む。あれこれヒントを与えると、また縫い始める。自分が何を縫っているのか、わからなくなってしまうから、「これは雑巾」と、インプットし続ける。

教訓その5――一気呵成

全体の半分以上進み、多少集中力も落ちてきたようだ。あまり続けるのもと思い、お茶にする。縫いかけの雑巾を傍らにおいたまま十五分くらいも、手を休めただろうか。

「さあ、おばあちゃん、続きをやってね」

と、目の前にある雑巾を引き寄せると、

「あら、なあに、これ」

「何じゃないでしょう。おばあちゃんが今縫っていた雑巾じゃない。続きをやらなきゃ」

「あら、何言ってるの。私、こんなもの縫ってないわよ。あんまりきれいじゃないわねぇ。

雑巾縫いマニュアル

★自分のしたことが一目でわかり、なおかつ簡単にできる雑巾縫い。
時間に余裕があれば、縫い方を教えたり、話をしながらやるといい。

★ただし、集中力がとぎれてきたときは隙を見て片づけてしまおう。
　もたもたしていると「私のものを取らないで」と言われ、ややこしいことになってしまう。

誰がやったの？」
と、ちらっと手に取って放りだす。もう興味も示さない。お茶を飲んでいるあいだに、きれいさっぱり忘れてしまった。

引き際を的確に

その後も、雑巾縫いのたびに、いろいろとわかり、教訓は増えていく。縫い方にも、その時のおばあちゃんの状態に応じて、極端なバラツキがある。頭の中がクリアなときは、集中力も持続し、一枚をちゃんと最後まで縫い上げる。とびきりクリアなときは、縫い目も細かく、刺し方の模様なども自分で考え、斜めの縫い目など入れてみたりする。そういうときは、自分も楽しんでいるし、見ている私も気持ちが和む。

しかし、こういう瞬間は日々の暮らしの中でもまれである。

頭の中が澱《よど》んでいるときは、スタートは何とかなっても続かない。半分もいくかいかないかのうちに、針の運びも怪しくなってくる。何度も何度も「これは雑巾だから」と、軌道修正しながら、どうにか縫い上げるが、縫い目は大きく不揃いで、中の刺し方も杜撰《ずさん》、小学生の家庭科の雑巾縫いよりマズい。

頭の中がとびきり澱んでいる時は、最初から雑巾を縫うということが理解できないようで、まったく雑巾にならない。一針ごとに糸を切ってみたり、仕つけをするように、ブスブスと大きく縫ってみたり、一針一針を弛めてみたりと、糸印でもしているつもりなのか。そういうときの表情は妙に難しい顔をしていて、危ない感じである。こんなときは、早々に切り上げる。この作業はそのときのおばあちゃんの状態のもっとも正確なバロメーターになる。

どんなに頭がクリアで、絶好調とはいっても、「では、もう一枚」なんて欲張ってみたところで、二枚目の半ば近くにもなれば、もう限界。縫い掛けのものは横に置いてしまい、回りをキョロキョロしながら「あれ、どこにいっちゃったんだろう。なくなっちゃった」と、何かを捜し始める。

「何捜しているの」と聞くと、「さっきまで、ちゃんとあったのに。ほら袖が……」と、本人もそうはっきりとはわからないような感じなのだが、どうも着物でも縫っているつもりになっているらしく見える。

調子の善し悪しにかかわらず、最後はたいてい、その状態に行き着く。

キョロキョロし始めたら潮時。あとは、いかに素早く片づけてしまうか。何もかもすっかいるときは、あまりたくさんの道具を彼女の前に置かない。片づけるのにグズグズしていると、「私のものを、どこに持っていくのよ」が、始まるから、取りつく島を与えないのがコツ。

裁縫箱など抱え込まれたら、危なくてしょうがない。指貫きの回収も忘れずに。明日やるときに捜すのに一苦労するから。縫っている最中も、裁縫箱ごと彼女の目の前には置けない。針など、ボロボロ落とすから、縫い針二本、待ち針八本、糸、糸切り鋏、チャコ、それだけを分けて、彼女の前に置く。そうすれば、終わってからの確認がラクにできる。

何事も試行錯誤の産物・賜物である。さっさと片づけてお茶にする。喜びを分かち合えないのは寂しい。昨今まれに見るよい作品ができても、終わってしまえば、自分が作ったものではないと、すげない素振り。それでは会話の糸口もつかめない。

第四章　悩みと惑い

おばあちゃんの憂鬱

おばあちゃんは何もしない

これまでに述べてきたことはみんな、振り回される当事者にとっては頭を抱えたくなるようなことばかりではあるが、客観的に見れば、どこかに笑いを含んでいる。私達にしても、過ぎてしまえば、ため息と共に苦笑いが混じる。それらは、うまい対処法さえ見つければ緩和されるし、ある程度慣れもする。

しかし、どうにもならないことが一つある。**それは何もしない**ということ。

おばあちゃんは多少なりとも建設的なことを、何一つ自分からはしようとしないのである。人間、何もせずに一日中座っていることはできない。「何もしないでボーッとしているのが好き」な人は、ボーッとすることを、意識して楽しんでやっているのである。

おばあちゃんは好きで何もしないのではない。目が見えないわけでもなければ、手先が利かないわけでも、体が動かないわけでもない。たぶん頭の中が動かないのだ。

頭の中のほんのちょっと、一部分だけが自力で動く。

「親はどうしたのだろうか。親のいる家に帰りたい。家はどうしたのだろう。私の財産はどうなったんだっけ。お金は、着物は、全部なくなったらどうしよう。そうだ仕事に行かなきゃ。とにかく帰ろう」

このことだけが頭の中を堂々巡りし、これがすべての意識や言動の核になっている。外からの刺激を直接与えられない限りは、頭の中の他の部分は動かない。刺激を受けて動いても、その動きは核の部分から派生しているから、彼女の言葉や行動は現実の状況とかけ離れている。加えて、記憶するという能力を喪失してしまっているから、せっかく動き出した頭の中も、記憶という能力で広がっていくということがない。そして刺激のおよぼす力がなくなれば、すぐに元に戻り、また核の部分だけになってしまう。

だから、他から刺激を与えられていない限り、すなわち構ってもらっていない限りは、常に、「親は……」という考えだけが頭の中を支配しており、何かしたいとか、楽しみを見つけようとか、そういう方向に頭が向きもしない——と、これは私の勝手な推測である。脳の仕組みのことなど何も知らないが、彼女をみていると、こんな風な意識の構造ではないかなと思ってしまう。

堂々巡りの果てに

では彼女は、いつもこんなことを考えていて退屈はしないのだろうか。「あああ、退屈だ」とか「何かやることないの」とかは決して言わない。ただ「あああ」と、いかにも面白くなさそうな声は出す。テレビや新聞や雑誌など何十回でも同じものを見続けるのだがちゃんと読んでいるわけではない。声を立てて同じ個所を何度も読んだり、グラビアなどを見ていろんなことを声に出して言うのだが、内容はわかっていない。

彼女なりの解釈で彼女なりの楽しみ方をしている。一冊の雑誌を一通り見て閉じる。一呼吸置き、再び手に取り「ほう、どれどれ何だろう」と言う。だから、同じことを何度も繰り返しているとか、もう一時間も二時間も経つ、というような意識は彼女にはないのだが、そのうち飽きてはくる。そして「あああ」なのだが、このとき放っておくと、彼女のとる行動には、次の三つのコースがある。

第1のコース——手元にあるものに手を伸ばす

キョロキョロして手近なところに何かあれば、手に取ってみる。自分のものとか他人のものとかは関係がない。ビデオテープであったり、私の広げている書類であったり本であったり、とにかくあらゆるものに手が伸びる。手に取ってみるだけならいいが、前にも書いたように、さわっている内に自分のものになってしまう。そして糊《のり》づけの部分をはがし始めたり、最悪の場合は便所紙要員にされたりするから困る。

手近に目を引くものがないと、立ち上がって歩き回る。郵便物など大好きで、放っておけば確実に開封する。夫の眼鏡など見つけようものなら、取りあえず掛けてみるが大きすぎる。そこで強引に蔓《つる》を曲げて自分に合わせる。ついでにバッグにしまっちゃう。

すべて出しっぱなしの報いとはいえ、片づけるにも限度がある。当然、おばあちゃんの行動にストップをかける。彼女もすんなりとは引かないから一悶着あり、その結果、不機嫌になり黙り込む。

一階が物足りないと、なんとなく二階に行ってみる。自然に自分の部屋に足が向く。そしてタンスの中身の出し入れが始まる。一時間も二時間もやってるが、最初の興味も失せ、飽きてくる。退屈し、疲れもするからぼんやりとし、黙り込む。

第2のコース――居眠りをする

夜ちゃんと寝ないから、居眠りは得意。あまり居眠りすると、ますます夜眠れないの悪循ことを考える。

環。寝不足するほど頭はすっきりしないし、眠いときやうつらうつらしているときほど妙な

第3のコース――そのまま固まる

退屈なままじっとしている。眠るでもなく、しゃべるでもなく、不機嫌な顔をして黙りこむ。

すべて行き着く先は黙り込むこと。黙り込むと、気持ちがまったく外に向かなくなり、ひたすら内向する。頭の中を巡るのは、「親はどうしてる。家はどうなった。帰りたい。私のお金は、着物はどこにある。仕事に行かなくちゃ」と、それだけになってしまう。

今、自分の居る場所が、「愛する一人息子と一緒に暮らしている家」という認識はまったくない。旅館だと思っている。とにかく「親の待つ家に帰らなくては」と思い詰める。けれども親のことや家のことが、いまひとつはっきりわからない。これは、不安と焦りであろう。加うるに漠然とした不満もあろう。理解力は驚くほどなくなり、記憶力は皆無に近いとはいっても、あれだけ自己主張をするのである。そのたびに何となくたしなめられたり、否定されたりするのだから、全部忘れてしまっても「面白くない」思いだけが残り、漠然とし

た不満として鬱積するのではなかろうか。

目に表れる危険信号

それら、不安や焦りや不満が、気持ちの内向とともに充満すると、妄想の淵に引きずり込まれることになる。そうなってしまうと厄介である。一筋縄ではいかない。険しい、怖い顔になり、目がすわる。目がすわるだけではなくて、目の色が変わる。目玉の表面にグレーの幕が張ったようになり、ドロンという感じである。

だから目を見た瞬間に「あっ、イっちゃってる、やばい」とすぐにわかる。時と場合によっては簡単に戻るのだが、戻れば、途端に角膜も透明に戻る。素人の私に科学的な根拠などもちろんないし、そんなことがあり得るのだろうかとも思うが、実際にそうなのだから不思議というほかはない。

さて、その目になるとどうなるか。

不機嫌で怒りっぽくなり、人の言うことは完全に理解できなくなる。こちらの言葉は、彼女の中を通り抜けるだけで、何を言っても効果がない。暗い怒ったような顔で、黙りこくって、溜め息をついたり、対象は漠然としているようであるが、何かに対する不満を吐き捨てるように言ったりする。

そして、「帰る」とか「お金がない」とかが始まる。彼女の中の全神経、全器官がこの一事に収束し、ほかの一切のことが無に等しくなってしまう。だから人の言葉など聞く余地はない。どんなに辛抱強く言葉を尽くしても、何の意味もない。互いに苛立ち、収拾がつかなくなり、共に底なしの淵に取り込まれていく。

底なし沼からの救助法

こうなると、場面を変えるか、完全に無視を決め込む以外に方法はない。

場面を変えるというのは、彼女の言うことには「そうね」と適当な返事をしながら、できるだけ取りつく島を与えずに、さっさと別の行動に追い立てること。彼女の好きなことで釣るわけだが、何で釣れるかは、そのときの状態による。

妄想の淵に首まで浸っているか、腰までか、足だけか、その見極めで方針が決まる。甘いお菓子や、お茶でオーケーのときもあれば、洗濯物畳みで済むときもある。

そんなことでは抜け出せないほど、どっぷりと浸っているときでも、車に乗せてスーパーに買い物に連れて行けば、ほぼ確実にOK。完全に場面が切り変わって、さっきまでのことはすっかり忘れ、目のグレーの膜も消える。

もう一つの方法、**無視を決め込む**のはなかなかできるものではない。

腹が立って、放っとこうかとは思っても、目の前で暗い顔をして黙り込み、じっと宙の一点を見つめていられたり、精一杯の不機嫌な顔で、テーブルを爪の先で、トントンと打ち続けられたりしたら、たまらなくなる。ちなみに、テーブルトントンは、退屈で不機嫌なときの行動パターンである。理由はわからない。

いずれにしても、とても平静ではおれず、知らんぷりするほうが、はるかに大変なことなのである。

介護ワンポイントアドバイス

きざしを見つけろ！

ボケてしまった人が困った行動をとるときには、たいてい、そのきざしがあります。そのきざしを見つけることが、未然にトラブルを回避するのに大変役立ちます。

ボケてしまった人は、自分のことしか考えられなくなります。他人のことはお構いなし。自分が楽しくなくなると、困った行動に出ることが多いようです。

本文中では「険しい顔になり目がすわってくる」のがそのきざしでしたが、これは人によってそれぞれ違うようです。ただ傍目から見て「様子がおかしい」と思ったら注意信号でしょう。

もっとも、最善の方法は「その状態になる前に退屈させない」ことだと思いますが。

おばあちゃんの妄想

渾然一体の夢と現実

あるとき、こんなことがあった。

深夜一時ごろ、おばあちゃんが自分の部屋から下りてきて「玄関の鍵を開けてくれ」とドアをガシャガシャさせている。また、「帰る」かなと思うと、このときは違った。「これから友達が来るから、電気をつけて戸を開けとかなきゃならない、さっき約束したのだ」と言う。「その友達はこの家の場所をよく知らないから、そうしておかないとわからなくなる、だから早く鍵を開けてくれ」と。

当然こちらは、「こんな夜中に来る人はいないから、明日の昼の一時の間違いだろう」とか、「わからなくなったら電話がくるから、大丈夫だ」とかあの手この手で、諦めさせようとするが、まったく受けつけない。「約束したから必ず来る」の一点張り。ついに怒った夫が一喝して、おばあちゃんを自分の部屋に追いやり、家中の電気を消して、放っておいて寝ようと言う。

私など、布団には入っても眠れるものではない。隣の部屋では電気をつけて、ポツンと座り込み、「どうしてこんな意地の悪いことをされなきゃなんないの」と、おばあちゃんは泣かんばかりに、文句を言い続けている。彼女にしてみれば、まったく理不尽な仕打ちなのだ。現実のことだと思い込んでいるのだから。

どんな事であれ、彼女の言っていることを間違いだとか、勘違いだとか、あり得ないことだ、ということを認めさせるのは不可能なことなのだ。そこがボケの神髄なのだから。

おばあちゃんの様子に耳をそばだてながら、何だか可哀想になってくる。何とか場面を変えてやろうかと思わぬでもないが、こんな真夜中までつき合っていたらキリがない、と放っておく。しかし、目に例のグレーの膜ができ、思い込みの強烈なときほど何をするかわからないから、気が気ではない。小一時間も経ったころ、ガタンガタンと、いつものタンスの音がし出す。しばらくして、そっとのぞいてみると、衣類の出したり入れたりに熱中している様子。もう忘れたらしい。ここからはいつものパターンだろうから、心配はない。さぁ、私は寝よう。

「退屈」こそ最大の敵

昼夜にかかわらず、この手の思い込みはよくある。夢なのか、空想なのか、過去の一コマなのか、幻覚幻聴なのか、はわからない。想像の産物ではあろうが、その頭の中だけのものと、現実のものとの区別がつかなくなる。

どんなパターンにしろ、いったん妄想の淵にはまると、お互い面倒なことになる。だから、妄想の淵をのぞかせてはならない。退屈すると、必ずのぞきに行くのだから、退屈させてはならない。ちょっとの退屈はいいが、うんと退屈する前に、手を打たねばならない。退屈の兆しをキャッチしたら、彼女の気を引くような何かをお膳立てをしてやる。

早い話が、よその家の小さい子を預かっているようなものである。退屈するとお母さんが恋しくなって、「家に帰る」とグズり出す。

新手の玩具などを見せると、たちまち泣き止み、ご機嫌になる。しばらく遊ぶと、また飽きてきて、「お母さ～ん」が始まる。次はお菓子で釣って、時間稼ぎ。そうこうしているうちに、お母さんが迎えにくる。でもおばあちゃんは夕方になっても、誰も迎えにこない。だから、一時預かりのよその子ほど機嫌は取れないが、私のできる範囲で、退屈させないよう何とかする以外にない。

会話ができない

相手の話がわからない

何といっても**普通の会話ができない**のが諸悪の根源である。

女のおしゃべりは尽きることがないのだから、たとえ毎日同じことの繰り返しでも、何となく和やかそうな雰囲気はできるというものだろう。なぜ、会話ができないのか。言葉のキャッチボールができない。相手の言うことがわからない。

確かに耳は遠いのだが、それだけではない。今自分の頭の中にあることを言われると聞こえるのだが、それ以外のことは聞こえない。

聞こえないという認識があるのなら、対処できるが、そうではない。自分の手持ちのカード以外のことを言われても、手持ちのカードのどれかに、すり変えて聞いてしまう。

例えば、こうである。

わが家のアイドル、猫のキャロ。気の向くまま居心地のいい場所を見つけてゴロリ。

「ほら、おばあちゃん、見てごらんよ、キャロの格好。気持ちよさそうに寝ているよ」

「あら、何これ、どこの猫？　どっから入ってきたのかしら？」

「これは家の猫だよ。よそのじゃないよ」

「あらそう、いやだねぇ。いつの間に、入ってきたのかしらねぇ」

「違うってば、家の猫なの。ずっと前から飼っているのよ」

「ええっ、ちっとも知らなかった。そう、アンタの家で飼ってんの」

「……」

「ところで、ばあちゃん、今どこにいるのかねぇ、アンタ知ってる？　近ごろ、ちっとも会っていないのよ。何してるんだろう」

始まった……。

人の識別ができない

これならばおばあちゃんも興味を示すかな、会話の糸口にもなるかな？　と思い、結婚式の写真を見せてみる。彼女の知らない人なのだが、写真も大きいし、きれいだし、私たち夫婦も入っている。

「おばあちゃん、ほら結婚式の写真よ」

「ほおー、どれどれ、あらきれいだこと」

「○○さんの会社の人だから、おばあちゃんの知らない人なんだけど、ほら、私たちもいるよ」

「あら、△△さんじゃないの。あら××さんもいる。へぇ～、何も言ってなかったけどねぇ」

「おばあちゃん、これは違う人、知らない人だよ。おばあちゃんの知らない人の結婚式なんだから、△△さんや××さんが出ているはずないのよ」

「あら、そうなの。これは□□さんだね。あ、これは△△さんだし、ほら、××さんもいる。何だ、みんな行っているんじゃないの。私だけ知らなかったのね。誰も何も教えてくれないんだものね」

何だか怪しい雲行きになってきた。

花嫁さんをみて、喜ぶかと思ったのに、集合写真の見知らぬ人たちに、自分の友人や兄弟の顔を見てしまい、喜ぶどころか、自分だけ呼ばれなかったと不機嫌になってきた。違う人だといくら説明しても「ああ、そう」と、返事はするがわかっていない。

あきらめて私も「そうね」といい加減に相づちを打つだけで、好きにさせておくと、台紙をはがしにかかった。おっと大変、慌てて回収する。花嫁さんを会話の糸口にしようとする作戦は失敗。話がとんでもない方向に行ってしまった。

彼女の若いころの写真ならどうだろうと、夫の小さいころのアルバムを持ち出してみる。もしかしたら、思い出話なんか始めるんじゃないだろうか。昔のことのほうが、覚えているようだし。

しかし、期待は外れた。

写真は小さくて見えにくいせいか、人の識別があまりよくできていない。現在のものだと思っているから、懐かしがって喜ぶということもない。彼女が口にするのは、写真に見える自分の兄弟の近況を聞くことばかり。もちろん、写真のままの若い状態で。

馬の耳に念仏とは知りつつも、「これは四十年も前の写真よ」などと、懲りもせず一応は言ってみるが、結果はいつもと同じ。人の識別ができないことなど、〝みっちゃん症候群〟で証明済みだった。

では、と私が逆に彼らのことを聞いてみても、記憶は曖昧で、話はつながらない。そして、またしても写真の糊づけ部分のはがしが始まった。いずれにしても、写真作戦は失敗である。会話の糸口どころか、とんだやぶ蛇だ。

かみ合わないまま脱線・暴走

「おばあちゃん、今晩、何か食べたいものない？」

「えっ、これ、いいわよ、食べても。はい」

自分が今食べているお菓子の残りをよこす。

「違うの、晩ご飯、何にしようかって、言っているの。何か食べたいものない？」

「晩ご飯？　さて、私はさっき食べたけど、アンタはまだ食べていないの。どうぞ、おあがんなさい。私はいいのよ」

「おばあちゃん、今は昼間の三時だよ。まだ夕方にもなってないのよ。晩ご飯は、これから」

「へぇ～、ちっとも気がつかなかったわ。さて、私もそろそろ帰りましょうかね」

こんなはずじゃなかったのに、また嫌な方向に話が逸れていってしまった。向きを変えなきゃ。

娘が学校から帰ってきた。常々、おばあちゃんに話しかけるようにと言われている。

「おばあちゃん、ただいま」

「あら、アンタどこから来たの？」

「今、学校から帰って来たんだよ」

「学校？　学校からここまで、歩いて来たの？　まぁ、よくここがわかったこと。偉いわねェ」

「……ここは、私の家だよ」

「ヘェ〜、ここがアンタの家になっているの。ところでアンタのお父さんて、誰なの？」

「……」

万事、こんな具合であるから、話しかけろと言われても、何を話したらいいのかわからない。「学校のことを話す孫の言葉を、おばあちゃんが目を細めて聞いている図」などというものとは、およそ縁がない。苦心して話しかけても、ぜんぶ話が違う方向に飛んでいき、子供はどう答えていいやらわからない。大人でさえ、途方にくれるのであるから、子供にしてみればほとんど苦行である。何か話かけなきゃと、思えば思うほどすくんでしまう。大人とて大差はない。

一番手軽で、一番効果的な心の交流であるはずの会話、この会話が一番の難題なのである。普通ならば、聞き取れない部分は話の流れや状況から推測、判断して補いながら聞くものである。

彼女の場合、話の流れに関しては、一つ前の会話は覚えていないから、つながらないし、状況の判断にいたっては、自分だけ五十年前という異次元にいるのだから、皆目無理。でも話すのは好きだから、自分勝手な思い込みで、話をどんどんまったく違う方向に持っていってしまう。

結局、相手は彼女の聞き違いを訂正することに終始するか、返事に窮して黙ってしまうか、「そうね、そうね」と、適当に合わせて空返事をするか、そのいずれか以外に方法がない。これでは会話とはいえないし、続かない。

注意力と理解力の喪失

おばあちゃんとの会話での問題が、もう一つある。

耳が遠いということもあるが、相手の話が聞こえていないのだ。たとえ耳には入っても、とっさには理解ができない。しかし、元来が如才ない明るい性格なので、わからないままに「あら、そう」と、ニコニコしながら返事をする。

おばあちゃんのことをよく知らない人は、当然わかっているものと思って、話を続ける。

そして、彼女自身もわかっていないという自覚がないから、そのまま続ける。ある程度続けると、普通の人は、話が噛み合っていないことに気がつく。挨拶程度の話ではボケているとは信じ難い。それはそれは調子のよい受け答えをするのだが、実はまったくわかっていない。耳が遠いことよりも、**注意力、理解力がなくなってしまった**のだろう。

一方、おばあちゃんが自分から話しかけ、それに対する返事なら比較的聞こえている。しかし、彼女が提供する話題は一貫して「ばあちゃんは、どうした」に類することのみ。それ以外はほとんどない。外に連れ出しても、周りの木々や花々に関心を示すこともない。日々の暮らしの中で、共通の思いを分かち合って心を通わす、ということがほとんどない。一緒に笑っていても、それぞれが違うほうを見て笑っている。まぁ、それは仕方のないこととしよう。

介護のテーマ

機嫌よければすべてよし

何もできなくても、何もわからなくても、とにかくニコニコさえしていてくれれば、それで十分である。何はともあれ、ニコニコしているときは退屈はしていない。退屈しなければ、妄想に陥ることもない。妄想に陥らなければ、日々の暮らしは随分と平穏である。

二十四時間フリータイムのおばあちゃんに生活を合わせるわけにはいかないし、私の忍耐などは底が見えているしで、「退屈させないように」とはいっても、限度がある。

が、その中で**「一日のうちでおばあちゃんの機嫌よくしている時間を少しでも長く」**と、それを目指すことのみに終始する。私の介護のテーマは、この一事に尽きる。

しかし、この「機嫌の良い時間を少しでも長く」のテーマは、ひとり、おばあちゃんに限らず、むしろ自分にこそ必要であり、最大の難問としてのしかかってくることになる。ときどき、ふと表情をなくした自分の顔を感じ、ますます暗澹《あんたん》としてくる。

もしかしたら、おばあちゃんの憂鬱はある意味で私自身の投影だったのかもしれない。

第五章　おばあちゃんと私の新たな出発

行ってよかった！「デイサービス」

ひとりよがりの意地

時間がスローモーションで経過するようになり、何の期待もないままに、とにかくその日を消化し、季節の移ろいも自分とは無縁のところで勝手に進行して、昨日と同じ日を百回繰り返したころ、小さな通風孔が出現した。

「**老人福祉行政**という傘は、おばあちゃんや私のためにも準備されている」ことを知ったのである。私はそれまで、老人福祉とは**介護してくれる家族のいない老人のためのものである**と認識していた。そして痴呆に対しては、特に病気という認識はないから、「年老いた親が、たまたまボケてしまった。自分以外にみる者はいないのだから、みなければならない。これは自分で選んだ結婚の延長であるから、逃げることはすまい」と決意して、他人の助けを期待することは「逃げ」であると己を戒めていた。そして、「やれるところまでやって、途中で自分が壊れてしまったら、そのときはじめて老人福祉というものが浮上してくるであろう」と考えていたのだ。「壊れるまでやる以外にない」と本気で思っていたのである。今思えば、無謀で愚かで、まったくひとりよがりの意地でしかなかった。

五～六年前は昨今と違って、デイサービスなどに関してマスコミでクローズアップされることはなかった。今でこそ、その存在や意義などが広く知られつつあるが、当時は知る人も少なく、概して暗いイメージを作っていた。おばあちゃんと暮らすようになるまでは、老人福祉などはまったくの無縁のものだったから、無関心でもあった。関心のない者には言うにおよばず、多少の関心のある者にさえ情報はいき届かない。もちろん、黙って待っていても、向こうからやってくることはない。

模索するでもなく、待つでもなく、唯々無知なままの私を啓蒙してくれたのは、隣人であり、友人でもあるTさんである。彼女は看護婦の資格を持ち、老人福祉関係の仕事にも携わる人で、折りに触れ、私に**デイサービス**の利用を勧めてくれた。

踏み切れなかった四つの理由

Tさんという友人に恵まれたという幸運が、愚かな意地に終止符を打たせてくれたのである。

Tさんに、市のデイサービスを勧められても、はじめのうちはあまり、気乗りがしなかった。これは無知ゆえの躊躇であったのだが、その理由は四つほどあった。

1　市の「デイサービス」という目新しい呼び名ではあっても、老人ホームという漠然とした、姥捨て山的イメージを、夫が持つに違いない、という思い込み。

2　ただ単に、自分が楽をしたいがために、おばあちゃんのお守を他人に押しつけるのではないか、という後ろめたさ。

3　おばあちゃんを「痴呆老人という囲い」の中に、自分の手で追いやろうとしているのではないか、という恐れ。

4　痴呆老人の集まりに対するおばあちゃんの反応。自分は若くて、現役だと思っている彼女が、どんな反応を示すだろうか、怒るんじゃないだろうか、という不安。

これらのことが、私に二の足を踏ませていた。

再三のTさんの勧めと、さすがに息切れが隠しきれなくなってきたこととで、夫に相談してみようと決心する。

が、いつ切り出そうか、いつ切り出そうかと足踏みばかりで、なかなか実行に移せない。

私の、日々の生活に追い詰められた鬱積した思いは、当然、夫に向けられるが、それを口に出してしまうのは、自分を支えている意地を見失いそうで恐い。それに夫にとっては母親、私にとっては姑である。当然、思いはまったく違う。

不毛な愚痴は言うまいと決心するが、愚痴を言わない代わりに、頑《かたく》なになる。どっちがマシだかわからない。とにかく頑なになってしまうと、言うべきことも言い出しにくくなる。やはり愚痴を言うくらいのほうが、健全には違いない。

ドキドキの初日

そしてある日、大決心をして、デイサービスの話を切り出した。ところが、案ずるよりも生むがやすし、「週一回だし試してみれば」と、あっけないほど簡単に同意を得た。

そうなったら、あとの行動は早い。市役所にいって申請をし、相談員の人が家に面接に訪れ、病院に連れていって、診断書をもらい、ついにデイサービスの初日を迎える。

朝の九時過ぎ、マイクロバスで迎えにきてくれる。玄関までの送迎だから、幼稚園の送迎バスのように外に立って待つことはない。おばあちゃんは当然のごとく、何のために、どこに行くのかわかっていない。

「今日は、お年寄りの集まりがあるんだって」

と、もっともらしい名目を考えて言ってみる。

「あら、そう。どこであるの？」

と別段、細かい追及もせず嬉しそうな顔をし、

「じゃあ、何を持って行けばいいのかしら。お金はあるかしら」

とバックを抱えて立ち上がる。貴重品は持たせてはいけない。自分のものと他人のものの区別がつかないおばあちゃんのような人が集まるのだから、当然である。

「おばあちゃん、今日はお金は要らないの。みんな持ってこない約束だから、バックは置いて行ってね。お風呂に入るんだって。だから着替えとタオルは持って行かなきゃ」

「えぇっ、財布持って行かなきゃ、何も買えないじゃないの。お土産だって買いたいし。財布は持って行くわよ」

「今日は持ってっちゃいけない決まりなの。それにお店はないから、買い物はできないのよ」

このやり取りをエンドレスで繰り返すうちに、ピンポーンと迎えがきてくれた。

「おはようございまァす。お迎えにきました」

と若くて元気なお兄さんとお姉さんの笑顔に迎えられ、「財布なんかもうどうでもいい」

とばかりにニコニコと上機嫌。荷物を持ってもらい、手を取られ、「あら、ごめんなさい。まぁどこに連れていくのよ。アッハッハ。アンタ方も一緒に行くの」とちょっとよそ行きのオクターブ高い声ではしゃぎ、家族になど見せたことのない明るい表情で、出かけた。それもそうだ。家族はおばあちゃんに対して、あれほど屈託のない笑顔で接することはない。

晴れやかな「外」の顔

初日の今日は、私は保護者として、少し見学させてもらう。

幼稚園に初めて子供をやるようなものである。おばあちゃんがどんな反応を示すのか、どんな振る舞いをするのかが心配でたまらない。それと、よそに預ける心配の第一が、「誰も気づかないうちに、勝手に外に出てしまうのではないか」という不安だった。

しかし、それはおばあちゃん以外に痴呆老人を知らない私の取り越し苦労であった。

実際に行ってみると、おばあちゃんのような人がたくさんいるのである。彼女よりははるかに物のわかっている人、彼女よりももっとせわしなく動きまわる人、それに表情を失くしたまま、じっと動かない人。

いずれも家族の誰かが、四六時中介護をしていて、その誰かは、今、束の間の開放感を味わっているところなのだろう。それらの家族にしても、デイサービスの職員にしても、私の心配している迷子のことなど、とうに承知しているのである。そう簡単に迷子になどさせない対策は、ちゃんととってある。

さて、おばあちゃんの様子だが、これは予期せぬ展開を見せた。ここがいかなる場所であるのかということに関しては、およそ頓着する様子はない。何かのサークル程度のノリである。こうして見渡してみると、うちのおばあちゃんの、何と若々しく元気そうに見えることか。聞くところによると、この中ではおばあちゃんが最長老だそうだ。改めて、彼女の見掛けの若々しさに感心してしまう。

隣の席の方がおばあちゃんに話しかける。

「今日、はじめてなの?」

「そうなの。私は今日がはじめてなの」

これはまさに、事実であるが、しかしこの先、何回目であろうと、同じに答えるはずだ。

隣の方が、さらに聞く。

「私の家は泉町なんだけど、お宅はどこ」

「泉町、あらそう。私の家は東原」

これはわが家にくる前の家、つまり彼女の結婚後の家である。ちなみに自分の実家ではない。

「東原ってどこにあるの？」

「あら知らないの。ほら、駅からずうっと上にあがっていって、南高の手前よ。ほら教会の所」

片や習志野の話をして、片や東北の町の話をしているのであるから、噛み合うわけがない。しかし、噛み合っていないことなど、まったく気づかないおばあちゃんの話し振りは、極めて自然で、きっと相手は「習志野のどこかに東原という所があるのだろう」と思ったに違いない。

それより何より、自分の家をこれほど明確に、すらすらと言えたおばあちゃんに驚いてしまった。そして実に楽しそうにおしゃべりするのである。内容は支離滅裂ではあるが、家では見ることのできない、晴れ晴れとした顔をしている。

間違いだらけの固定観念

くる日もくる日も、**二人だけの生活に息詰まっていたのは、私だけではなかった。「おば**

あちゃんもまたそうだったのだ」と気づかされた。

「家族以外の人たちと接すること、友だちとおしゃべりすることが可能であれば、どんなにいいか」とは思うけれど、こんなにボケてしまっては相手がいない。ボケ老人の相手をすることは、お守りをすること以外の何物でもないから、家族以外の人に頼むわけにはいかない。結局、家族と家にこもることになってしまう。

ところが、こんなにボケてしまってもなお、遊びにいける場所があった。しかも**招かれて**である。

私はこれまで、**自分の息抜きのために**という視点のみで、デイサービスに行かせるか否かの判断をしようとしていて、**おばあちゃんのため**ということに、思いは至らなかったし、むしろ、逆であった。よって、**後ろめたさと引き換えに手に入れる自分の時間**と心得ていたのだ。「そのくらいは許されてもいいはずだ」と。

だからおばあちゃんの生き返ったような表情を目の当たりにしたときは、驚きと安堵で**姥捨て**の呪縛から一気に開放された。なぜかドキドキして、力が抜けていく思いがしたのを覚えている。

授業参観は一時間ほどで切り上げ、一人家に帰る。

おばあちゃんを送り届けてもらうまでに数時間。自分以外に誰の気配もない**自分の空間**に、百日ぶりに入る。かつてはこれが当たり前の日常であったはずなのに、遠い昔のようで実感できない。突然、降って湧いたような開放された時間を、自分でどうしたいのか、よくわからない。恋焦がれていた瞬間のはずであるのに、具体的な表現がみつからない。

床の上に大の字になり、天井を見ていた。

耳も目も、身体中を弛緩させようと努力する。「これは本物の静けさなんだから、何も潜んでいないんだから、耳も目も閉じていいんだから」と繰り返し自分に言い聞かせる。嬉しさとか開放感とかが、格別な形にならないままに、ずっとそうやっていた。初めて涙が出てきた。

結局覚えてはいないけれど

さて、賑やかな声とともに、おばあちゃんが送られて帰ってきた。

「じゃあ、また来週ね」

と言って帰っていく職員の方たちを見て、

「あらあら、どうして帰っちゃうの」

わけがわからず戸惑っている。

「おばあちゃんを、家まで送ってきてくれただけなのよ。あの人たちは、まだ忙しいから寄れないの」

と言っても、状況を理解していないからわからない。納得いかないまま、とにかく家に入る。

「こんにちわぁ。おじゃましまぁす」とキョロキョロ。

外から入ってくるときは、いつも帰宅ではなくて訪問客になっている。外出の時間がたとえ十分間でも、決まって初めてお邪魔した家になってしまう。

すると、「あら大変」とばかりに、

「あらいやだ。私の荷物がないじゃないの。あらまぁ、どうしましょう」

「荷物はこれだけよ。他には何も持ってってないのよ」

そこで、入浴用のタオルや洗濯物を示すと、

「ええっ、これだけ。違うわよ。お土産だって買ったし、私の着物だってあるはずだし、ハンドバックもないじゃないの」

「バックも着物もおばあちゃんの部屋にちゃんとあるわよ。今日はお土産も買ってないのよ」

「確か汽車の中ではあったのよ。汽車の中に忘れてきちゃったのかしら。そんなはずないなぁ。あっ、さっきの人が持ってっちゃったんじゃないの。知らない人なのよ。汽車の中で会っただけなんだから。いやだわァ、どうしましょう」

何ということを言うのやら。あることないこと瞬時に作り話が口から出てくる、というふうに見えるのだが、彼女は真剣。彼女にとっては作り話などではなくて、実際のことだと思い込んでいるのだから、「あなたの言っていることは間違っている」という方向から攻めても無理。これは嫌というほど経験済み。とはいえ、険しい顔で、大混乱をきたしてしまっているおばあちゃんの気分を変えるのは、多少厄介だ。次からは、何か手を打たなければならない。

二階に連れていき、彼女の財産の所在を確認させ、甘いお菓子とお茶と時代劇鑑賞とでどうにかその場を収め、夕方からのいつもの生活パターンに戻る。

何事もなかったように、おばあちゃんは洗濯物を畳み、子供たちが帰ってきて、夫が帰ってくる。夫にいち早く、今日の「目からウロコの大発見」を報告する。正々堂々、報告できるのが嬉しい。内心、心配していた彼もホッとして、

「母さん、今日はいい所に行ってきたんだって。どうだった、楽しかった？」

と聞いてみるが、彼女はすげなく、
「ええ、私はどこにも出かけてなんかいないわよ」
と私にとっては予想通り、夫にとっては期待外れの返答をする。まったく覚えていないというのはわかり切ったことで何の問題もない。大切なのは、今日一日のうちで、**デイサービスに行っていたその時は楽しいと感じていただろう**ということである。

楽しい思いや悲しい思いは、意識の表面には残らなくても、意識の底には残るはずだと確信している。それの積み重ねが、今とこの先のおばあちゃんの人生そのものなのだろうから。

この日から毎週一回、おばあちゃんはデイサービスに行き、私は日中の数時間、自分の時間を手にする。おばあちゃんはその都度、「どこに連れていくのよ」と、いそいそとはしゃいで出かけ、賑やかに送り届けられた後、決まって大なり小なりの混乱をきたし、そして夫は帰ってくると必ず「今日は、どこへ行ってきたの」と聞き、おばあちゃんは必ず「どこへも出かけてないわよ」と答える。

そして、また一週間、雑巾縫いの日々が続き、デイサービスの日の晴れの表情は、それらの時間の中に埋もれてしまう。

解決の糸口

それではデイサービスの内容を紹介しよう。

午前中は入浴。順番にお風呂に入れて、体を洗い、頭を洗い、仕上げにドライヤーで髪の毛を乾かすまでやってくれる。痴呆症や、足腰の不自由なお年よりをここまでやってくれるのは、大変なことであり、全員を終えるのには、当然、午前中一杯かかる。汗だくの重労働である。そして、昼食。昼食後、少しお昼寝をして、午後、軽いリクリエーションをやって、お開きとなる。

一口に痴呆症といっても、人により症状は千差万別だから、デイサービスに望むこともそれぞれだろう。痴呆はなくても、体が不自由なだけのお年寄りもいるから、さらに希望は分かれるはずである。だから、おばあちゃんの場合だけをいっても始まらないのだが、できることなら、違った内容のものも欲しい。

まず、おばあちゃんに限っていえば、お風呂のサービスは必要としない。まだ自力で入れるし、入浴は就寝への導入部としての重要なプロセスになっているから、デイサービスの貴重な時間の大半を、そのために費やすのはもったいない。ただし、これはまったく、当時のおばあちゃんに限ったことで、大多数の家族にとっては非常にありがたいことなのである。

現に六年後の今は、彼女は車椅子の生活になり、自力での入浴は不可能になったので完全に施設に頼っている。

デイサービスをきっかけに、開眼の兆しがあらわれた私は、少しずつものが見えてきた。デイサービスは、たとえ週に一度でも、それまでの暮らしの中では、確かに画期的であったが、次第に物足りなくなってきた。「自分の時間を持てることの味をしめて、さらに欲が出てきた」というのも確かに事実であるが、決してそれだけではない。

そのころには、もう、そう言えるだけの自信があった。「いつまで続くかわからないこの膠着状態を打破できるかもしれない」という可能性は見えてきた。ならば、追求する価値はある。

さらなる追求

まず、**通う回数を増やせないものだろうか**。

週一回では、一時的なカンフル剤にはなっても、生活のリズムになるには程遠い。私は多少なりとも自分の時間が持てるようになってありがたいが、おばあちゃんの生活には変化らしい変化は見られない。しかし、市のデイサービスは、週一回と決められていて、それ以上の体制にはなっていない。将来の方向としては、回数を増やすことを目指しているそうだが、当時はまだまだ実現は大分先のことだろうと思われた。

次に内容についての希望だが、入浴に時間を取られてしまって、残り時間が少ないために致し方ないのだが、**手作業などの情緒を活性化させるようなことをやらせてもらえないだろうか**ということ。

家庭ではできなくとも、大勢で、しかもきちんと指導してくれる人たちがいるのだから、何かできそうなものだ。

要するに、毎日でも通える幼稚園のようなものが理想である。昼夜の別がなくなってしまったおばあちゃんに、生活のリズムが生まれ、外に出て大勢の人に触れることによって刺激を受け、私は日中、開放されることで気持ちの充電がなされる。子供がある年齢に達したら、幼稚園などに通うほうが、家の中に母親と二人っきりでこもっているよりも健全なのと同じことである。

これがデイサービスだ！

★デイサービスは週一回。自治体の職員の方がバスで迎えに来てくれる。外出大好きおばあちゃんにはいい気分転換。

★午前中は入浴。職員の方が髪を乾かす所まで手伝ってくれる。全員を順番に入浴させると午前中一杯かかる。

★昼食はみんなで食べる。学校給食のような雰囲気。

★午後は歌ったり踊ったりといった簡単なレクリエーション。お年寄りは歌ったり踊ったりが大好き。

「デイケア」なしではいられない

老健施設とは

そんなことを考え始めたころ、私にデイサービスを勧めてくれたTさんが、ある老健施設のことを教えてくれた。

老健施設とは、正しくは**老人保健施設**といい、**老人保健法に基づく施設**である。母体は民間の病院であることが多い。

ケアワーカー、看護婦、医師、理学療法士、作業療法士、ソーシャルワーカーなどのスタッフからなり、病院での入院治療は必要としないが、家庭生活を自力でやることのできない老人のための施設で、心身両面のリハビリを図り、機能向上を目指すことを目的としている。**入所**と**通所**の二通りあり、短期間預かってくれる**ショートステイ**もある。

わが家で必要としているのは通所である。これはデイサービスのことで、この施設ではデイケアと呼んでいるので、以後、デイケアと記す。この**デイケア**と市の**デイサービスとの相違**は、以下のようになっている。

1　**通う日数が多い。**
2　**スタッフに看護婦がおり、医師も常駐し、健康管理をし、医療の相談にものってくれる。直接的な医療行為は行わないが、いざという時は、病院と直結している。**
3　**機能訓練の設備が整っており、理学療法士による専門的なリハビリも行われる。**

要するに、市の職員が携わるデイサービスは医療面のケアはないが、デイケアは**医療的な受け皿が加わる**。もう一つ重要なことは、**通う日数が増え、接する時間が多くなる**ことで、見掛けでは判断しにくいおばあちゃんの本当の状態を理解した上で、対応してもらえるであろう、という安心感である。

老健施設は、老人医療の一環となっているので、**保険が適用される**。よって、実際にかかる費用は、食事代などの実費だけで、市のデイサービスと、一回にかかる費用はほとんど変わらない。ただし、二〇〇〇年からの介護保険法実施によって、これまでとは大分、様変りすることになるかもしれないが。

施設の質を見極めよう

さて、Tさんから老健施設を勧めてもらったところに話を戻そう。

Tさんお墨つきの施設は、新設されたばかりで、彼女が尊敬する看護婦さんが婦長を務めるという。その婦長さんの率いるところならば、質の高い施設になるに違いないから、スタートしたばかりの今、空いているうちに申し込め、との勧めであった。

まさに渡りに舟。もう無知ゆえの躊躇など卒業した私は、電光石火の早業。夫と相談し、すぐに見学に行き、説明を受け、通所を決める。

そこはケアセンターと呼ばれ、安全で機能的に作られた建物は真新しく、広さが若干落ち着かなさを感じさせるほどの、すべてが歩き始めたばかりの施設であった。

入所者もまだまだ定員に満たなく、デイケアの通所者にいたっては、おばあちゃんが第三号。そこからスタートしたデイケアクラスも、着々と通所者が増え、それに伴ってスタッフも充実し、いまではスタート当時が信じられないほど、名実ともに完成されたものになった。

こうして本当の意味で質の高いものに作り上げられたのは、デイケア部門の責任者であるT氏の努力に負うところが大きいと思われる。設立当時の孤軍奮闘から始まって、現在まで、一貫して氏の理念の根底をなすものは、「個々の老人の人格の尊重」なのだろう。

T氏の指導のもとに、優れたスタッフが育ち、またそれに喚起されて家族会が生まれ、育っていった。

そんなケアセンターとの出会いが、おばあちゃんや私や家族の生活を大きく変えた。私は混乱を防ぐために、市のデイサービスは止《や》め、ケアセンターのデイケア一ヶ所に絞る。はじめのうちは、週三回から始めて、徐々に増やし、最終的には日曜日を除く毎日通うことにした。こうして、家庭とケアセンターとが、おばあちゃんの生活を支える両輪となった。それは現在も続き、すでに五年になる。

本当の意味で、「質の高いデイケアの施設に巡り合えた」ことは実に幸運だった。現実には、多数ある施設の質にはバラつきがある。それを見極めることが、家族の大切な役目だろうと思っている。どんなに憎まれ口をきいても、人手を煩わせても、結局は、**年寄りは無抵抗**なのだから。

「参加している」の気分が大切

デイケアに通ってくるのは、常に誰かの介護の必要な老人である。痴呆症の人もいるし、そうでなくても脳梗塞やら骨折やらの後遺症などで体が不自由になって、車椅子の生活を余儀なくされている人、またはその両方、とさまざまな人たちがいる。

それらの人たちが同じ部屋で一緒に行動することに不都合はないのだろうか、痴呆のない人や、程度の軽い人たちに不満はないのだろうか、また、逆に痴呆の重い人がついていけるのだろうか、との懸念があったが、実際に様子を知るにいたって、取り越し苦労だとわかった。

それはもちろん、スタッフの力量がものをいうのだが、それ以外の要素にも気がついた。おしなべて、**年寄りは優しい**のである。痴呆の程度などによって、それは不安定でもあるが、痴呆のない人の痴呆のある人を見る目がとても優しい。だから、多少のおかしな言動にも寛大なのかもしれない。

一方、痴呆のある人は、本人にはその自覚がないから、悪びれることも、臆することもない。デイケアの内容は、痴呆のない人にとっても、満足のいくように考えられていて、それぞれの参加の仕方をしている。

痴呆のない人は、その知的好奇心や創作意欲を刺激され、満足させられる。痴呆が進んで、何をやっているのかさえよくわからないような人も、スタッフに上手に手助けされて、みんなと一緒に何かをやっているという気分になる。その「気分」こそに意義があり、立派な参加なのだ。

もっとも、これらのことは、外側から垣間見るだけの私の勝手な感想であるので、実情と向きあうスタッフの方々には、異論があるかもしれない。

ボケの力が支配する空気というものがある。おばあちゃんと二人きりで家に長いこといると、周りの空気が次第によどんで、息苦しくなってくる。攪拌しようとする努力も、疲れを知らないボケのエネルギーには勝てず、いつの間にか取り込まれてしまう。そうなると、二人を取り巻く空気は完全にボケの支配下になり、私は無気力になり、おばあちゃんのボケはますます深まっていく。澱《よど》みがボケを加速する。

そのとき誰かが帰宅すると、一瞬にして力のバランスが逆転し、酸素が送り込まれ、正常が支配する空気に戻る。ボケは正常な空気の中に置いてこそ、暴走を抑え、どうにか折り合いをつけながら、日々生活を続けることができる。正常な者が二人以上いれば、ボケに支配されることはない。だから、家族のいる休日などは、ごく普通の生活の中にボケの部分はかなり紛れてしまう。

だから、その意味でも多くのスタッフと正常な意識の老人をも交えた輪の中に置くということは、私としては実に理想的で嬉しいことなのである。

デイケアの一日

では、具体的にここのデイケアでは、どんなことをするのか。大まかにいえば、

心を動かすこと
体を動かすこと
手を動かすこと
声を出すこと
昼食と**おやつ**
週二〜三回の入浴
必要に応じて**リハビリ**

とこんなところではないかと思う。

毎朝、到着と同時に、体温、血圧、脈拍のバイタルチェック。痴呆があると、自分の体の異状に対しても鈍くなっており、家族も気づかないことがある。ここで初めて体の不調を発見した経験もある。

みんながそろうと、朝のミーティングが始まる。スタッフが当番制で、その日のテーマを考え、話をし、みんなにも口を開く機会を与えながら進めていく。話の内容のわかる者、わからない者、聞き方は千差万別ではあるが、みんなに向かって話し、みんなが参加している。

あとは、その日によって、やることはさまざまである。車椅子の人も、そうでない人も、できるだけ体を動かすために、軽い体操やゲームなどをやるが、みんなでやれば釣られるし、楽しいからできる。

しかし、家庭ではこうはいかない。体を動かしてあげなければと思っても、やらせるほうも、やらされるほうも、つまらないので続かない。

歌うことも然《しか》り。家の中でおばあちゃんと二人で歌う、なんて考えもつかない。大勢だからこそできることである。

折々の行事、お正月やお節句や運動会などに向けて、さまざまな物を作る。長いことかけて、大きな一枚の貼り絵をみんなで一緒に作り上げたり、折り紙で飾りを作ったりと、それぞれの能力に応じた参加の仕方で作り上げる。

毎日の進み具合を楽しみにして、完成したときの達成感を味わう者もいるだろうし、おばあちゃんのように、そのときが初めてで、全体などまったく見えていない者もいる。それでも、そのときは、一生懸命に集中してやっている。みんなでやる――それが刺激になり、原動力になるのだろう。だから、家でやる雑巾縫いより、ずっと楽しそうで、熱心だ。

一人一人が作る作品もある。紙粘土で干支の動物を作ったり、写生をしたりと、できあがると家に持って帰るのだが、子供が幼稚園に行ってるころを、彷彿とさせる。完成度も非常に似ている。ただ違うところは、子供はそれを飾ってやると、胸をはって喜んだものだが、おばあちゃんは知らん顔。自分が作ったものだとは、これっぽっちも覚えていない。そこで、主のない作品がしばらくのあいだ、むなしく飾られることになる。

仲良しさんとの楽しいおしゃべり

家族にも、デイケアのスタッフにも、どんなに努力したとしてもできないことがある。おばあちゃんと、**心から楽しんで**おしゃべりをすることである。まともでない会話につき合うのであるから、まともな人なら、たとえ一緒に笑っても、その笑いは彼女の笑いとは質が違う。

デイケアには、おばあちゃんと同じような人が何人もいる。中には、おばあちゃんが来るのを待ち、彼女とおしゃべりするのを楽しみにしている人もいる。

女学生のごとくに手を取り合い、笑い転げておしゃべりをする。端で聞いてみると、まったく噛み合っておらず、何がそんなにおかしいのかと首を傾げてしまうのだが、当人たちは楽しいのだから、大きなお世話だ。

デイケアにくる人のみんながみんな、おしゃべりなわけではないが、女は概して、いくつになってもおしゃべりが好きだ。おばあちゃんももちろん、ご多聞にもれず大のおしゃべり好きの上に、如才のない性分が加わって、仲良しさんがすぐにできる。

ただし、おばあちゃんは一見、誰よりも達者そうではあるが、実は誰よりもわかっていない。当然、仲良しさんのことも覚えていない。けれども、相手の人は、ボケているとはいえ、仲良しさんのことぐらいは大抵、覚えていて、毎朝、おばあちゃんの来るのを心待ちにしていてくれる。

おばあちゃんを見つけると、嬉しそうに話しかけるが、相手に気の毒なくらい彼女は覚えていない。しかし、そこは持ち前の如才のなさと、雰囲気に合わせる才能とで、たちどころに十年来の知己のようなムードを作ってしまう。そして、次の瞬間には、本当に十年来の知己になり切っている。

互いに一方通行でしゃべっていながら、それに気づかずに楽しみをわかち合う、などという芸当は普通の人間にはできない。心から楽しんでいる相手と、そうでない相手とでは、おしゃべりするおばあちゃんの楽しさも比較にならないほど違うはずで、それだけでもデイケアに行く価値はある、というものである。

家の中で家族とだけの生活を続けていたなら、おばあちゃんがこんな喜びを得ることの可能性すら思いつかなかったに違いない。

おばあちゃんのストレスが減った

デイケアが日課になって、おばあちゃんの生活は大きく変わった。漠然としたストレスも減ったのであろう。「ばあちゃんは？」とか「家に帰る」とか「役所に行く」とか、例の返答に窮するようなことを、あまり言わなくなった。まったく言わないわけではないが、こちらが困り果てるほど、食い下がることはなくなった。家にいる時間が短くなったということは、結果的に、退屈する機会が少なくなったのである。

役所に行けない欲求不満は、デイケアに通うことで、完全に解消された。「日曜日よ」といって聞かせるのは、本当の日曜日だけでよくなった。

実際のところ、彼女の意識の上では、「デイケアは仕事の場」と思い込んでいるようだった。「仕事場に見えるわけはないだろう」と思うのは普通の人間で、彼女には仕事場に見える。その場がどんな状態であるかは問題ではない。

彼女の目に入るものすべてが、彼女の思いこんでいるものに見える。住んでいる家を、いつまで経っても旅館だと思っているなどはいい例で、住宅と旅館など、作りにおいては似ても似つかない。それと同じことだろう。また、ケアセンターを学校だと言うこともある。それはなかなか的を射ているのだが、よくよく聞いてみると、自分の立場は生徒ではなく、先生のほうであるようだ。

しかし、毎日そこに通っている、という意識は彼女にはない。朝になれば以前と同じように、「さて、出かけようかな」という。それは役所であったり、わが家へ帰る、であったりいろいろなのだが、「送っていくから、ちょっと待ってね」と言って、時間まで待たせる。時間がくれば本当に出かけるのだから、言うほうも気が楽だ。

「毎日出かけたい」欲求が満たされる

送迎バスは頼まずに、私が送り迎えをするから、毎朝一緒に出る。それで、彼女の「出かけたい」という欲求は完全に満たされる。「どこへ行くのか」ということは説明しても通じないし、その時々によって、彼女の行きたいところに向かっていると思って、車に乗っているようだ。その際、やはり貴重品は持たせられないので、彼女の大切な、肌身離さず持っている、いつものバッグがそばにないのは物足りないが、出かける嬉しさと、窓の外を眺めることなどに紛れて、忘れてしまう。同時に、行き先に関する思い込みも持続せず、どこに着こうと、何の問題もない。

途中の道筋も片道二十分、くる日もくる日も同じなのだが、窓の外の、彼女の興味をそそるものもほぼ同じで、その都度、新鮮な驚きの言葉を発する。彼女の感動の対象は、もっぱら大きな建物、それも高層の建物である。途中、大きなマンションや団地があるのだが、毎日決まって交わされる会話がある。

「あらまあ、高いこと。あれもこれも学校?」

「学校じゃないのよ。アパート」

「へえ〜、アパート、あらまあ、すごいわねぇ。一二三四……七。まぁ、七階もあるの!」

と、マンションがあらわれるたびに、「学校?」と聞き、必ず素早く階数を数える。思わず私も数えてみたりするのだが、感心なことに数が合っている。職業柄か数が好きで、道々いろんなものを数える。対向車の数を数えて「数え切れないほど来る」と、一人で驚いたりしている。

大きな建物を見ると、決まって「学校」と言うのだが、彼女の若いころ、身の周りにある大きな建物といえば、学校くらいだったのだろうか。習志野に来る前に田舎にいたとはいっても、今時、マンションやオフィスビル、デパートなど、高層のビルなどいくらでもある。なのに、彼女の知識の中には学校だけが存在しているのは、やはりタイムスリップのせいだ、と一人で納得したりしながら、聞いている。

面白い発見

おばあちゃんについて面白い発見がもう一つ。

おばあちゃんは、電気の光にとても感激する。車のライト、ガソリンスタンドの煌々とたたくさんのライト、マンションの廊下に連なるライト、そして信号。赤信号に「あらっ、真っ赤な灯できれいだこと」と感激し、「あらッ、今度は青くなっちゃった。何てきれいなんでしょ」と。

それが何なのかは、すっかり忘れてしまっているようだ。そして私は、「はて、信号機っていつごろからあるんだろう」などと考えてみたりする。

とにかく、彼女の興味はすべて人工的な文明の象徴のようなものばかりで、自然にはほとんど反応しない。なるほど、昭和の初期の日本に、突然、高層ビルや光の波が出現したら、感嘆はいかばかりか、ということなのであろう。

これはまったくの余談であるが、おばあちゃんはアパートをアバートという。これ以外にもカタカナの言葉の濁点「゛」とマル「゜」の混同が目立つ。おばあちゃんに限らず、お年寄りによく見られることで、前から不思議に思っていたのだが、その理由をついに突き止めた。突き止めるにいたった状況は、実はあまり喜ばしいことではない。なぜならば、私自身が老眼の域にさしかかった、という現実のせいであるから。

最近、小さな文字の特に「゜」の判読が困難な時がある。初めてそういう事態に直面した時、思わず、「おばあちゃんみたい」と思った。要するに、老眼になってしまってから、目にするようになった言葉に関してだけ混同が生じるのだ。

しょせん、カタカナ言葉の音自体に意味はないのだから、たまたま老眼で誤って読み取ったとおりに覚えてしまったのだと思う。頭も老化しているから、新しい言葉など、なかなか覚えられないのも手伝って、訂正もままならず、最初に刷り込まれてしまった音を使い続ける。

この個人的見解に基づけば、アパートという文字を目にするようになったのは、おばあちゃんが老眼の域に達してから、ということになる。私の住んでいる町にアパートが出現したのは、小学校の三、四年生のころだったような気がする。とすると、当時のおばあちゃんは、五十を過ぎていることになるから、当然、老眼になっている。納得。

もっと、ずっと以前からあったカタカナ言葉に関しては、混同は見られないように思う。フライパンをフライバンとはいわないし、ワンピースをワンビースとはいわない。

ボケが治ることはないが……

独断的な余談はこれくらいにして、毎朝、同じ道を走り、同じことに感激しながら、ケアセンターに着く。これまた毎朝、「あら、ここはなぁに」と言いながら、車から降り、物珍しそうに、キョロキョロしながら入っていく。

建物も会う人々も初めてだと、おばあちゃんは言うが、態度や行動はそれとは裏腹に、落ち着いていて、すっかり馴染んでいるように見える。**意識として記憶にはないが、体は覚えている感じ**で、こちらとしても安心だ。

三時半に迎えに行く。

「おばあちゃん、さあ、帰ろう」

おばあちゃんの元にいく私への反応は、その時々によって違うが、ほぼ一貫していることは、**自分の勤務はまだ終了していない**ことと、**家族が迎えにきたという意識は皆無であること**。

「あら、アンタのほうはもう終わったの。私のほうはまだまだだから、先に帰ってちょうだい」だったり、「あらまあ、偶然だこと。今までどこにいたの。よく私がここにいるってわかったわねェ。私はまだ片づけがあるから、先に帰っていいわよ」だったりする。

私は「あとは明日やればいいんだから、一緒に帰ろうよ」と促す。それを受けたスタッフの方に「あとはやっときますよ」と言われ、「あら悪いわねェ。じゃ、あとお願いしますね。では途中まで一緒に行きましょうか。えっ、車で送ってくれるの？　まぁ、アンタの家も近くだったの？　ちっとも知らなかった。何で帰ろうかと考えていたところだったのよ。ちょうどよかったわ。アッハッハ。ああよかった」とか、「何よ、どこに連れていくのよ。私は忙しいんだから。じゃ、ちょっと行ってきますね。すぐ帰ってきますからね」などと言ったりする。彼女にとって、そこは職場で、面倒を見てくれるスタッフの人たちは同僚と思い込んでいるのだ。

そして私は、知り合いだったり、同僚だったり、たまたま居合わせた家族だったり、赤の他人だったりする。よく周りの人に私のことを、「あら娘さん、それともお嫁さん」などと聞かれるのだが、娘か嫁かと聞かれると、彼女は必ず「娘」と答える。かと思うと、「あらいやだ。私にこんな大きな娘がいるわけないじゃないの」と答えたり、「私の叔母です」と紹介されたこともある。いずれにしても、「嫁」と言われたことはただの一度もない。

生活にリズムが

こうして出かけることが日課になっても、「今日は、どこに行ってきたの」という毎晩の夫の問いへの答えは、相変わらず「どこにも出かけていないわよ」である。

夕方以後の、彼女の生活パターンはそれまでと変わりなく、時代劇を見て、洗濯物を畳んで、夕食をとり、ほどほどのところでお風呂に入って休む。特に早く寝るようになったわけでもないし、夜中に「おはよう」と、下りてくることがなくなったわけでもないが、通して眠る時間は明らかに長くなった。

時計を見ても、午前と午後の区別は依然としてつかないが、体には昼夜の区別ができたようだ。明け方も暗いうちから起きだしはするが、以前ほど長いこと起きていることは少なく、再び眠り、ほどよい時間に起きてくる。

ケアセンターにいる間は、家にいるときよりもはるかに活発なようだ。心身ともに刺激を受け、何らかの活動をし、外の顔をして過ごすのだから、当然、健康な眠りが得られることになる。

送迎のドライブが調整機能

ボケると「物がなくなった」という思い込みが、極度に激しくなる。

家にいるときも、他に気を取られていることがあれば忘れているが、それがなくなれば、とりあえず何かを捜しはじめる。それはケアセンターにおいても同じことで、自分の気を引かれることが途切れると物捜しが出てくる。当然、一番大事な「バッグがない」が始まる。もちろん、こんなときは、家族であろうがなかろうが、どんな説得も受けつけなくなる。

おばあちゃんの状態にも波があり、滅法ものがわからなく落ち着かないときや、機嫌がよく穏やかなときや、妙にハイな気分のときなどがある。周りの状況もあるだろうが、それよりも、ある種のバイオリズムのようなものがあるのかな、と思う。

睡眠時間などにも左右されるのかもしれない。とはいえ、眠るから落ち着くのか、落ち着いているからよく眠るのか、どっちが先なのかはわからない。

とにかく落ち着かないときは、「ない、ない」も激しい。おばあちゃんのバッグ捜しがあまりにひどいときに、スタッフの方と相談して、バッグを持たせてみることにした。しかし、愛用のバッグであれば、それなりの中身もそろっていなければ、かえって混乱をきたすだろう。かといって、そっくり持たせたら、本当になくしたときに困る。

そこで、試しに別のバッグにハンカチ、ちり紙、財布を入れて持たせてみた。財布の中身は少なすぎても多すぎてもまずい。こんなところかなと、千円札三枚と小銭を少しにした。

何とかそれでしのげたかに見えたが、二日目にして財布からお札が消えていた。どこに移動させたのか、どうしても見つからない。結局、ケアセンターが弁償してくれて、ただ迷惑をかけるだけの結果になってしまった。そして再び、バッグは止《や》めにして、スタッフのほうのフォローのみに頼ることとなった。

迎えに行ったときも、またバッグ捜しが始まる。帰るにあたってバッグを捜すのは当然といえば当然だ。で、対策を考えた。迎えに行くときに愛用のバッグを紙袋に入れてこっそり持っていく。ほかにカーディガンの一枚も入っていればさらによい。いくら何でもバッグをむき出しで私が持っていったのでは、おばあちゃんの不審を買いそうだ。目立たないように、後ろ手で紙袋を持っておばあちゃんの側に行き、

「さあ、帰りましょう」

と言う。おばあちゃんが荷物を捜し出したら、すかさず、

「ほら、ここにあるわ」

と差し出す。するとおばあちゃんは何の疑問も持たずに、すんなりと納得する。あとは車で家に帰るだけだから、好きにしてくれればいい。この方法は我ながら大成功であった。このケアセンターから家までの私とのドライブが、ちょうどよい調整機能をはたし、家についた時の「荷物がない、お土産がない」のパニックをなくした。

迎えに行ったときに、バッグだけでは不満なことも多い。着物がいっぱいあるはずだ、と言い張る。無意味とは知りつつも、ここには着物など持ってきてはいないのだ、と言い聞かせ、ほぼ強引に、うやむやのままに連れて出る。

ベテラン婦長の魔法の言葉

しかし、どうしても動かないときがある。その日も、着物を持って帰ると、頑《がん》として動か

ない。エレベーターを降りたところで、困り果てているところに、婦長さんが通りかかり、おばあちゃんに声をかけてくれた。

「あら、シバさん、どうしたの」

「着物を持って帰るって動かないんです」

と私が情けなく泣きつく。すると婦長さんは、**私ではなく、おばあちゃんに向かって大まじめな顔**で、

「うんうん、それで着物はどこに置いたの？」

「あのねェ、ほら、あっちの部屋のタンスに入れといたはずなのよ。三枚、いや四枚あるはずなのに」

「ああ、あの部屋ね。それでタンスの何番目に入れたの」

「確か二番目だったと思うのよ。三番目だったかしら。どっちかにあるはずなの」

「わかった、わかった。じゃ私が捜しておくから。今ちょっと忙しいから、明日来たときに取りにきてちょうだい。出しておくからね」

「あら本当。ああよかったわァ。じゃお願いしますね。ああよかった」

とおばあちゃんは大満足で納得。婦長さんは私にニコッとうなずいて行ってしまった。目

からウロコが落ちるとは、このことである。私はその見事な対応に呆気に取られてしまった。

この婦長さんは、廊下などで会うといつも私にも声をかけてくれる。何でもないような一言なのだが、魔法の一言で、重くなりがちな気持ちが、スッと軽くなる。肩の力が抜けて「うん、大丈夫、大丈夫」という気持ちになるから不思議だ。私よりもだいぶ年配で、実に小柄なのだが、その中に私などの何倍ものパワーを秘めている。これが包容力というものなのであろうと、つくづく思った。

新しい出会い

ケアセンターに行けば、おばあちゃんのような老人がたくさんいるし、またその家族とも知り合うことになる。実際、同じ様な立場の人と話をしたのは、送り迎えで顔を合わせるようになった人とが初めてである。

親のボケにあえいでいる人が大勢いることはわかりきっている。しかし直接交流がなければ、「自分だけが……」と思っているのとあまり変わりはない。しかも、私はそういう交流を持ちたいとすら思わなかった。「誰と話そうが、何も変わりはしない」と思っていたのだ。ところが、自分は自分で思っているよりもはるかに単純だったことを自覚するにいたる。

　ケアセンターでさまざまな老人を目の当たりにすることで、「うちのおばあちゃんのほう
がマシかもしれない」と、単純にホッとしてみたり、同じような立場の人と、ああだこうだ
とおしゃべりをすることが、思いのほか嬉しかったりしたのである。

　ボケ老人と直接関りのない第三者は、必要以上に同情してくれたり、妙に買いかぶってく
れたりすることが多くて、面映く、居心地が悪い。その点、現実を知る者同士だと、愚痴を
言い合っても、それ以上でもそれ以下でもない。淡々と受け止め、その悲しさ、おかしさ、
心の葛藤を自分自身と重ねあわせ、一時共有する。そして時間がくれば、「さて、行くか」
と一発気合を入れて、それぞれの日常に戻る。

　確かに、何を話したからといって何が変わるわけでもないのだが、いっとき、肩が軽くな
る。少し肩が軽くなれば、少し嬉しくなり、少し優しい気持ちになれる。

　ケアセンターのスタッフの方々に、プロの知恵と技と介護の姿勢を教わり、家族の間にで
きた横のつながりに、わかち合うことの意味を教わり、一人で抱え込むということが、いか
に徒労であるかを知るにいたった。

た。

夫も認めたデイケアの効用

そして、理屈とは別に、また自分の時間が持てるようになったことが、手放しで嬉しかった。

もともと出不精で、一人で家にいるのが好きな私は、格別何をはじめようというわけでもない。家の中で一人、自分のペースで過ごすことで、自分を取り戻す。それを奪われると、どうも情緒のバランスを欠いてしまう。

おばあちゃんの落ち着きを目の当たりにして、夫もデイケアの効用を認めるようになった。これは後に聞いた話なのだが、当初、夫も、やはり施設に対して姥捨て的発想がつきまとい、日中だけとはいえ忸怩《じくじ》たる思いを捨て切れなかったらしい。なのに思いの外すんなりと同意したのは、実は「おまえの様子に危機を感じたからだった」と言う。

似たようなことを、友だちからもよく言われる。

「あのころは、ひどい顔をしていたよ」

顔まで変わっていたなどとは、自分では気づかなかった。「私もたいしたことないな」と思ってしまうのだが、デイケアに行き始めるまでの半年間というものは、妙な開き直りと意地とで、次第に消耗する一方だったのであろう。「自分は人生の楽しみというものからは、完全に隔絶されてしまった」と本気で思っていたのだから、確かに少々、まともではない。もしかしたら、おばあちゃんよりも、私のほうがボケ老人のような顔をしていたかもしれない。

ふと、ボケ導入のメカニズムを垣間見てしまったようで慄然としたりするのは、さすがにうがちすぎだろうが。

これがデイケアだ！

デイケアはデイサービスの入浴や食事、レクリエーションに加えて、次のようなサービスが受けられます。

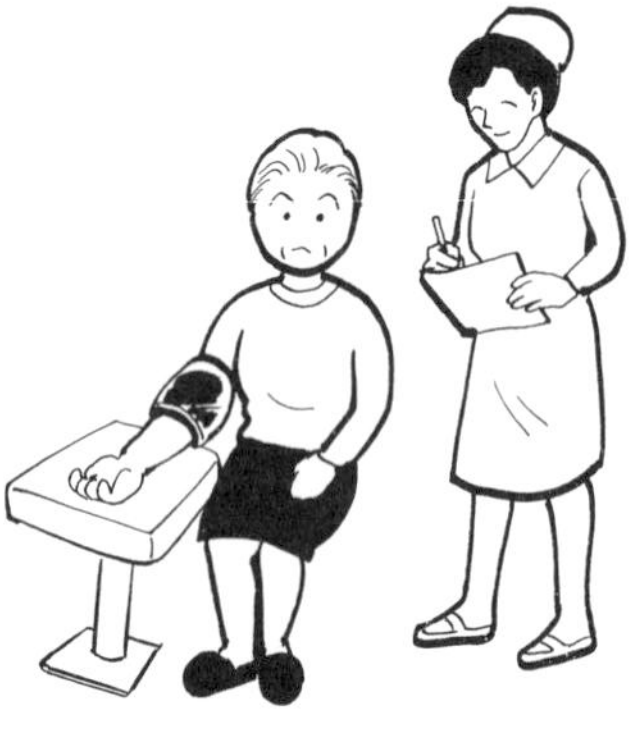

★健康チェック。スタッフに看護婦がおり、医者も常駐しているので、健康面でのケアが充実している。

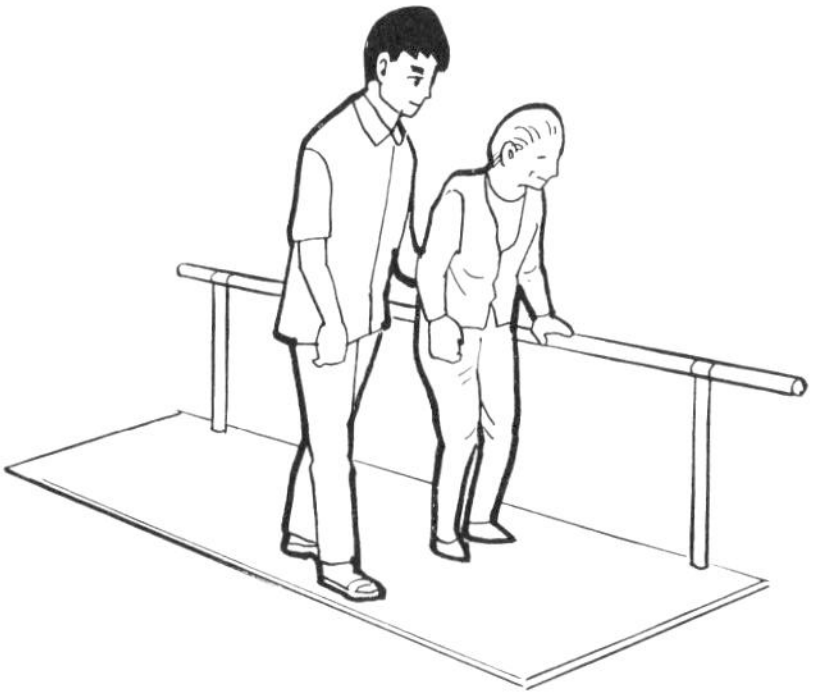

★リハビリ。理学療法士による専門的な訓練も受けられる。いざというときは病院とも直結しているので安心。

★レクリエーションの種類も幅広い。陶芸や工作、共同製作などもすることがある。

もう一声、たまには泊まりがけ「ショートステイ」

頼れる助っ人

さて、デイケアは家族にとっても、なくてはならない存在になったが、ここまできたらもう一声、「たまには泊りがけで……」に発展する。

下の子は、当時中学一年。まだ親と一緒に出かけたい年齢で、本当は夏休みの家族旅行もしたかった。私だって、一晩二晩解放されてみたい。それに、冠婚葬祭など夫婦で行くべき用事もある。それでも、旅行は我慢すれば済むし、どんな用事もどちらか一人で済ませられないことはない。

しかし、私が体を壊すなどの事態が生じた場合はどうするのか。一晩たりとも、おばあちゃんの面倒を頼めるような親戚は近くにはいない。かといって、家政婦さんでは、おばあちゃんの面倒は見切れない。子供に任せるなど言うにおよばずで、完全にお手上げである。

そんなときの強力な助っ人が、**ショートステイ**（短期入所）である。短期間宿泊して、入所者と一緒の生活をする。ケアセンターでは三階がデイケア、一階が痴呆症のある入所者の生活スペースとなっており、スタッフは別だが、常に交流があるので、おばあちゃんのことは覚えてくれている。

ショートステイは、老健施設に限らず、市のデイサービスのように、市役所を通して頼むことも可能だ。その場合は、特別養護老人ホームなどに一時預かってもらうのであるが、馴染んだ所に預けるわけではない。当人の意識がちゃんとしていて、わかった上で泊まるのであれば、どこであろうとさほど心配はない。

ところが、おばあちゃんの場合は何一つ現状認識ができない。わからないがゆえの、闇雲の不安や混乱が心配である。おまけに、ぜんぜんわかっていないのに、さもわかったような顔で返事をし、体もよく動くおばあちゃんは、本来必要なだけの注意をはらってもらえないのではないか、という心配が常にある。

機嫌のよいときは何とかなっても、一旦不機嫌になり、パニックになってしまえば、テコでも言うことを聞かない。そんなとき「どう対応してくれるのだろう」とか、「混乱がさらなる不安を招き、ボケがさらに深まったらどうしよう」とか、心配の種はいくらでもある。

今になって思えば、そんなことはボケ老人の常なのだから、プロは私などより心得ているということはわかる。しかし、予測不能な行動がボケの真骨頂。知らない所にお願いする気にはなれなかった。

その点、デイケアに通うことで馴染んだケアセンターでのショートステイなら、「おばあちゃんの状態も知っていてくれる」安心感がある。そこで、「試しに一度お願いしてみようではないか」となった。

とはいえ、本当のところはドキドキものだった。何が恐いって、おばあちゃんの反応が恐い。「泊まるのは嫌だ」と言い出しはしないか、なぜと聞かれたら何と答えよう、など……。そして、やはり後ろめたさは否めない。人に世話をお願いして、自分たちは遊びに行くのだから。

案ずるよりも生むがやすし

さて、初めてのショートステイ決行の朝、いざとなると、そわそわと落ち着かないのは私だけで、おばあちゃんはなんということもない。それはそうだ。何と説明しようが、すぐに忘れてしまい、何も知らないのと同じことなのだ。ちょうど初めてデイサービスに送り出した朝のような心境である。

「納得させた上で、ことを運ぶ」のはすでに無理である。毎日通うデイケアでさえ、別に納得して通っているわけではない。ただ連れていかれるからそこに行き、「なぜそこにいるのか」という疑問もないままにそこで過ごし、そしてまた、誰とどこに行くのかもわからないままに車に乗って家にもどり、次の瞬間には、もう一日、ずっとそこにいたという意識で居間に座っている。毎日がそれの繰り返しである。

幸いなことに、出かけることも、デイケアで過ごすことも、おばあちゃんはまだ嫌がったことが一度もない。家を離れることへの拒否反応を経験していないだけに、予測が立たず、余計心配である。

どんな形であれ、一応「おばあちゃんの了解らしきものを得てからショートステイさせたい」と思うのは、単に自分の後ろめたさを緩和するという意味でしかない。

「おばあちゃん、今日はここに泊まるのよ。みんなここに泊まるんだって」

おっかなびっくりの私の内情などにおよそ頓着せず、おばあちゃんは、「あら、そう」と全然わかっていない軽い返事をする。

ここまできたら、もう割り切るしかない。ここでおばあちゃんにどう説明しようと、どんな了解を取りつけようと、何の意味もないことは、自分が一番よく知っている。何をどう取りつくろおうと、有無を言わさず、おばあちゃんを三日間、よそに預けることに変わりはない。そして、それと引き替えに、私たちは少しの休息を手に入れる。

おばあちゃんが混乱して、収拾がつかなくなったら、いつでも連絡してくれるように頼んで出発した。

三日間、恐れていた引き取り依頼の電話もなく、長いのか短いのかわからない時間が静かに過ぎた。

家族のストレスも解消しよう

おばあちゃんを迎えにいくにあたって、あれこれ対策を考える。

三日振りに帰ってくるのだから、彼女は自分がどこか旅行に行ってきたと思うに違いない。となると、買ってきたはずのお土産がなくなったと騒ぎだすだろうから、先回りして、それらしいものを準備しておこう。家について、「お土産が……」と言い出したら、すかさず「これのこと?」と出せば、「あら、アンタ持っててくれたの」とか、何とかいって機嫌よく納得するに違いない。さて、そのおばあちゃんのお土産役にふさわしいものはどこで調達しよう。そうだ、あの店のお菓子にしよう。おばあちゃんを連れて帰る途中で買って、後部座席に彼女の着替えの荷物と一緒に置いてしまえば、好都合。「うん、なかなかグッドなアイデアであるぞ」などと意気込んで、緊張して、おばあちゃんの元に向かった。

おばあちゃんは、ホールでお仲間とおしゃべりしていた。

「おばあちゃん、迎えにきたよ。さあ、帰ろうか」

と、平常心を装って、側に行く。

「あら、アンタ、どうしたの」

とそっけない。毎日デイケアに迎えに行ったときの反応と寸分違わない。そして「自分は今、この人と話している最中だから、アンタは先に帰ってくれ」と言う。気合を入れて迎えにきたのに、完全に肩透かしを食った。当然といえば、当然である。

おばあちゃんは三日間、何の問題もなく過ごしたという。最初の晩こそ「帰る」と言ったものの、すぐに泊まることを納得して、別段、騒ぎにもならなかったそうだ。その「帰る」にしても、家にいるときにも言う「帰る」と同じ意味の「帰る」だったようだ。しかし、実際のところは誰にもわからないが。

そして、デイケアからの帰りと、まったく同じ調子で車に乗る。無論お土産作戦など、途端に色あせ即却下。道中、信号機の赤い色や、前を走る車のブレーキランプの点滅に感激しながら、家に着いた。これまた、三日ぶりなどという表情は微塵もなく、そのままいつもの夕方の生活パターンに入る。時代劇を見て、洗濯物を畳んで、夫のいつもの問いには、「どこにも行かなかったわよ」と、いつもの調子で答える。まったく、何から何まで、デイケアに行ってきた日と変わらない。

三～四日のショートステイは、何ら悪影響なしとの感触を得て、以後活用し、これでまた一回り生活が広がった。三～四泊で、年に四～五回利用し、うち二回ほど家族とは別に、私だけ友だちと一泊旅行をする。束の間の開放感を噛みしめ、**内に溜まったものを捨ててくる。**

「家族にはかなわない」

ショートステイは、その気になれば日数も回数も増やせる。わが家の場合は、おばあちゃんの状態も含めて、家庭で介護できる状況は整っている。その中でのショートステイの位置づけ、利用の尺度は、ケアセンターの婦長さんの言葉によるところが大きい。

初めてのショートステイをしたころに、私に話してくれたことである。

「看る者が疲れてしまったのでは、在宅介護はできなくなるんだから、正々堂々、ショートステイを利用して遊びに行っていいのよ」

そして、

「私たちが、どんなに一生懸命お世話しようが、愛情を傾けようが、**家族にはかなわない**の。家族も何もすっかりわからなくなったような入所者でも、家族がくると、ぜんぜん表情が変わるの。それを見ると、やっぱりかなわないって思うのよ。家庭を拠点にしてデイケアで刺激を与え、時々ショートステイを上手に利用して、家族もリフレッシュする。短期間であればショートステイも、かえってよい面もあるし、家庭でみられない事情がない限りは、それが理想的な介護の方法なのよ」

この「家族にはかなわない」を、肝に命じ、以後、ショートステイに限らず、おばあちゃんに関することのすべての判断の原点とした。

こうして、ケアセンターと出会い、そこでおばあちゃんを介して素晴らしい人たちと出会い、その出会いが、私の目線を下向きから、前向きへと変えてくれた。まさに、おばあちゃんと私の、新たな出発点といえた。

これがショートステイだ！

★ショートステイは老健施設のサービスの一つ。日頃行きつけの老健施設が実施していれば、そこでお願いするとよい。

★介護者が壊れたら元も子もない。温泉などでリフレッシュしましょう。

★昼はデイケアと同じ。レクリエーションでおばあちゃんもとてもいい気分。

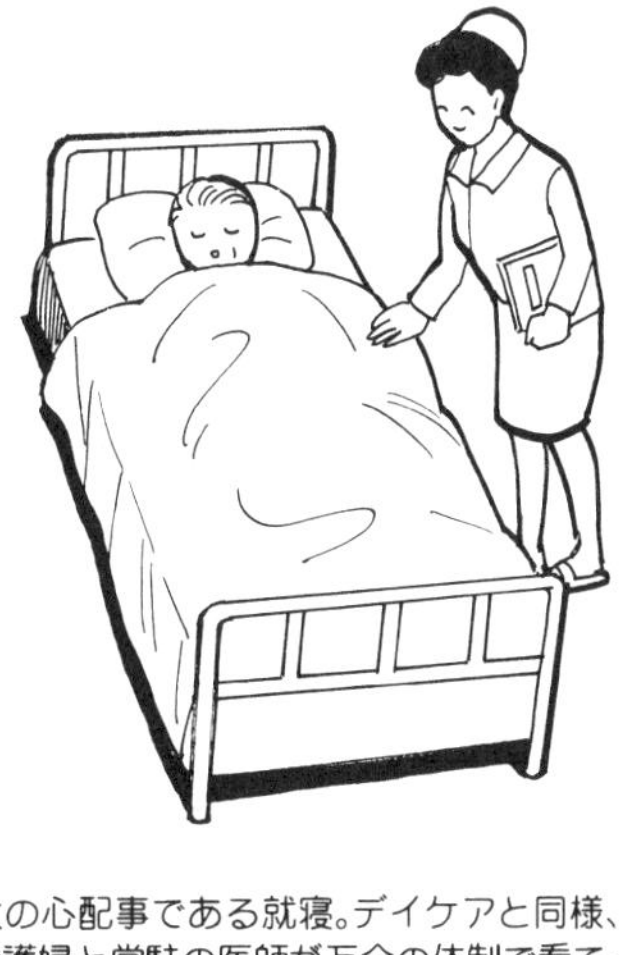

★最大の心配事である就寝。デイケアと同様、スタッフの看護婦と常駐の医師が万全の体制で看てくれる。

エピローグ

私は「ベストの介護」よりも「ベターの共生」を目指している。できるだけそうありたいとの願いである。共生とは「互いに害を及ぼさずに一緒に生活すること」だ。

痴呆老人との暮らしの現実は、介護という一方的な奉仕に他ならず、その質、量には限りがない。場合によっては看る者の人生を棒に振ることだってあり得る。

しかし、誰にも他人の人生を台無しにする権利はないはずで、私自身もおばあちゃんの犠牲になるつもりはないし、逆に私が彼女の余生を悲しいものにしてしまってはならないとも思っている。そのための共生指向である。

あるときは知恵を絞り、あるときは見て見ぬふりをして、お互いほどほどの妥協点を模索する。

エピローグ

共生を目指すからには、自分の人生をみじめだと思ってはいけないし、みじめなものにしてはいけない。「どうせおばあちゃんがいるから……」式発想からの脱却が先決だ。

多聞に「気の持ちよう」という厄介なものであり、当時も今も、最も御しがたきは「己の心」であることに変わりはないのだが。

プロローグにも書いたように、現在のおばあちゃんは以前とはまるっきり違う。目が覚めるたびの朝の儀式もなければ、広告を握りしめてトイレに向かうこともない。昼夜の区別はさらになくなり、私に起こされることで初めて朝が来る。

一事が万事、隅から隅まで私によって彼女の一日がお膳立てされる。意思の疎通が皆無に近い今、ただただ彼女の表情や一方的なおしゃべりを観察しながら、機を見計らって一日をすすめる。

怒らせないように、無理矢理にならないように、呼吸をつかむ。慣れてしまえば、さほど大変なことではない。

彼女はすべてを依存しているという意識はないから、文句は言うが要求はしない。もしかしたら、放っておいたら一日中でも寝ているかも知れない。まさに「生かすも殺すも私次第」の状態で、これは私にとって相当に重い。

「必要以上に寝かせない。寝かせっ放しにしない」が現在の対応のキーポイントだ。これは、大腿骨骨折のために入院した際に教わったことで、入院中にその効用を目の当たりにして、以後ずっと実践している。人間は体を起こしておくことで人間を保っている、という部分があるようだ。

さすがに丈夫なおばあちゃんも歳には勝てず、近頃は故障が多い。デイケアも休みがちで、私と二人で家にいる時間も長い。

そのあいだ、いかに無理のない範囲で起こしておくかが、回復後のおばあちゃんの生活の鍵を握る。ベッドに寝ているのは楽だから、痛いところがあればなおさら起きたがらない。トイレに立たされるなど言うにおよばず、驚くほどすぐに固まってしまう足の筋肉をほぐすための運動など、それに対する抵抗の仕方は半端ではない。すでに言葉はまったく通じないし、本人には何の認識もないから、ますます言うことを聞いてくれない。

しかし、かわいそうだからと好きにさせておいたら、瞬く間に歩くことはもとより、立つことも、椅子に座っていることもできなくなってしまう。

この先ずっと寝たきりになるかどうかの分岐点は、至るところに待ちかまえている。だから私は、心を鬼にして嫌がるおばあちゃんを動かす。それはそれは何事かと思うような大声を出して抵抗するが、ここが分かれ目と思うから、私も必死である。

まるで、いじめられているかのようなわめき声が近所にも聞こえるのではないかと、若干気にはなる。それに「こんな年寄りに痛い思いをさせないで、好きにさせたほうがいいのではないか」という迷いは常について回る。そして、目先のことだけを考えれば、そのほうが私自身も楽だという甘い罠もある。

しかし、そこを凌いで、再び椅子にしっかり座って教育テレビの子供番組に興じて大声で笑ったり歌ったり、歩行の足もスムーズに運べるようになり、デイケアにも通えるような生活に戻ったときは、「よし、これでよかったんだ」と少し自信がつく。「共生」からさらに一歩遠ざかるのを防ぐことはできた、と満足できるのである。

私は、半端ではあるが建築の設計の仕事を少しだけやってきた。おばあちゃんを迎えてからは、自分たちの家こそ設計したものの、仕事としては完全にやめた。

建物を計画するときは、まず条件を整理する。条件とはすなわち制約でもあるわけで、それは一つとして同じものはない。私は、これまで「無制限の敷地」「無制限の予算」「無条件のデザイン」といった条件にお目にかかったことはないし、もしあったとしても、私の手に負えるものではない。

逆に、「形が悪い」とか「狭すぎる」とか「法的規制が多い」など、いわゆる悪条件の敷地を前にすると、「あっ、面白そう」と不用意に血が騒ぐ。

計画をするのは「三度の飯より好き」で、時間を忘れて熱中してしまう。しかし、必ずどこかで壁にぶち当たる。そうなると最初の意気込みもどこへやら、ふと気がつくと四面楚歌。ワクワクしていたはずの悪条件に頭を抱えることになる。そこで、「おっと、いけない」と気合いを入れ直して視点を変えてみると、いつの間にか一つの考えに固執していたりすることに気づく。

一度それを取り払って、大切なことは何かを再確認する。全体を眺めつつ、ラフスケッチを繰り返していくうちに、突破口が見えてくる。それは、がんじがらめに絡み合った糸がじょじょにほぐれていくのに似て、無上の快感だ。

私が悪条件の敷地に対して燃えるのは、それを逆手にとって、より個性的な面白いものが作れるからである。悪条件をクリアする必然性から生まれた形が、結果として面白いものになれば、ちょっと変なことも、正々堂々できるのである。

おばあちゃんと暮らしはじめてしばらくしてから、家を建てる決断をした。階段だらけの家は、年寄りと暮らすにはあまりに支障がありすぎた。

これでは「共生」もままならない。言いたくなくてもおばあちゃんの行動に対して「ダメッ」と言わなければならない状況が多すぎて、これではお互いの精神衛生上、非常に好ましくない。

そこで、新居のテーマは「（おばあちゃんに）ダメを言わない家」。

車椅子や寝たきりになった場合の考慮は言うまでもなく、「ダメ」の原因を作らないように計画した。おばあちゃんには自由に動き回っているという感じを持たせながら、「ダメ」の原因には物理的に近づけないようにする。監視されているとは気づかせずに、実はどこにいても目が届く、というしかけに作る。

これはまさに制約だらけ。さらに少ない予算という重い制約。予算はともかくとして、それ以外の制約は私を十二分に楽しませてくれた。それをクリアするために用いた一見無駄な吹き抜けや中二階の手法にも、大義名分が与えられ、まあまあ自分らしい、ちょっと変で面白い家ができたと思っている。

おばあちゃんと暮らすようになってからは、仕事もやめ、あれもこれも

エピローグ

自分のペースで動くことはできなくなった。そして「このまま朽ち果てるのか」という思いが、常に頭にこびりついて離れない。不満の根元は、おばあちゃんの面倒を見る忙しさや煩わしさではなく、この焦燥感である。

当たり前と思っていた核家族の生活スタイルに、ボケてしまった姑が加わることは、空いているはずの目の前の公園に高層マンションが建ったようなものだ。

制約が大幅に増えたのだから、当然設計変更が必要になる。南を塞がれてしまったら、東や西から光を採ればいい。朝の光は元気をくれるし、夕方の光は詩情を誘う。

南も東も西も塞がれたのなら、上から光を落とせばいい。明るさの効率は三倍だし、色あせた日常が違って見える。もしかしたら、星だって見えるかも知れない。

みんなの好きな「南側陽当たり良好」は、確かに基本ではあるが、すべてではない。南側に大きな開口部を取ったまま、閉ざされた視界に不平を言うよりも、視界の広がる方向を探してそこを生かせば、隅なく明るい家よりも、もっと表情豊かな空間ができるかも知れない。

「おばあちゃんがいるからできない」ことを数えるのではなくて、「おばあちゃんがいるからできる」ことを探せばいいんだ、という突破口に気づかされるまでに、なんと長い時間を要し、なんと長いこと頭を抱えていたことか。

つまらない人間のまま朽ち果てる一歩手前で、「書く」ことを思い立った。「共生」の基盤である「自分の生活を豊かだと思える」ために、もう一度ラフスケッチから始めよう。残りの自分の人生のデザインに取りかかろうかと思い始めた今、ちょっと楽しい。

2000年2月

斯波道子

【著者プロフィール】

斯波 道子（しば　みちこ）

1949年、山形市生まれ。
1975年、結婚。
主に専業主婦、ときどき建築設計のアルバイト。
夫、二人の子供との四人家族の中に、1994年、夫の母親（当時87歳）を迎える。
現在、千葉県習志野市在住。

おばあちゃんがボケちゃった！

平成12年3月21日　第1刷発行

著　者　斯波　道子
発行者　日高　裕明

定価はカバーに表示してあります。

発　行　株式会社ハート出版
〒171-0014東京都豊島区池袋3-9-23
TEL.03(3590)6077　FAX.03(3590)6078

ISBN4-89295-159-5　C2077　編集担当・西山　印刷・図書印刷株式会社

ガンに効く漢方薬

陳　瑞東

癌研究会付属病院の医師が書いた、患者さん待望の本。漢方薬が免疫力を高め、治癒効果を上げ、ガンを予防する。

1359

ガン・成人病に効く霊芝

陳　瑞東

がん治療最前線で驚異の薬効。がん・糖尿病・高血圧・肝臓障害・アレルギーに効果、副作用も無しと医学界が注目の漢方。

1068

いびきは身体の危険信号

石塚洋一

「睡眠時無呼吸症候群」が突然死を誘発する。大いびきをかく人は安眠できずに健康にも悪い。あなたは本当にだいじょうぶか。

1165

大いびきは死への行進曲

石塚洋一

いびきを甘く見ている風潮は未だに変わらない。子供も女性も人生を狂わせてしまう。健全ないびき、恐いいびき！

1200

体臭・多汗の正しい治し方

五味常明

若い世代で「臭い」に対する拒絶反応が急増している。ワキガの発生原因と症状別の治療方法を専門医がやさしく解説。

981

もうニオイで悩まない

五味常明

周りはなんとも思っていないのに、自分でクサイのではと疑う「自己臭恐怖」――ニオイを気にするあなたへ贈る悩み解消本。

1262

表示価格は本体価格　価格は将来変わることがあります。

もう汗で悩まない
五味常明

人には相談しずらい悩み。脇の下や手のひらの多汗症の最新療法を紹介。発汗の仕組みから、気になる対処法をアドバイス。　1300

魚のＤＨＡが効く
鈴木平光

老化やガン・アトピー・脳に効果。日本人が長寿なのはズバリ魚食のおかげ。話題の脂肪酸ＤＨＡがよくわかる入門書。　1165

深海ザメの酸素効果が癌・現代病を治す
横田貴史

深海に住むサメの優れた酸素補給能力が、疲れた細胞を活性化させ、強い身体をつくる。がんなど現代病克服例を満載。　825

母乳が足りなくても安心
二木　武

母乳哺育を絶対とする〝聖域〟に挑む。プレッシャーに悩むお母さん、保母さん、小児科関係者のテキストとしても最適。　2000

あしの静脈瘤は治せる
下肢静脈瘤研究会

第二の心臓「足（ふくらはぎ）」にミミズ腫れ状に出る静脈瘤。美しく元気な足を取り戻す画期的な治療法を紹介。　1165

こんなに凄かった牛乳の秘密
土屋文安

牛乳は子どもの骨を強くし成長を助けるだけでなく、大人の美容ダイエット、骨粗鬆症の予防にもなる栄養抜群の飲み物なのだ。　1359

表示価格は本体価格　価格は将来変わることがあります。

クエン酸は神薬です

長田正松

疲れた心身を癒し、元気にさせてくれたクエン酸。全国から寄せられた感謝の体験談「病態別効果実例」を一挙収録。

１２６２

もう、おしっこで悩まない

高橋知宏

尿の色、尿の出方、回数などで分かる疑われる病気。前立腺がんをはじめ泌尿器の病気を事前チェックで早期予防に役立つ。

１４００

なぜ、笑うと便秘が治るの？

国本正雄

食物繊維よりも効く！　笑いの「腹作用」。意外な真実に著者もびっくり。地元旭川で超人気、簡単便利？な便秘解消術！

１２００

最短快適ダイエット

土田　隆

体脂肪減らしてリバウンドなし！　現場の医師が奨める方法だから、安全・確実に痩せられる。

１３００

人に聞けない前立腺・泌尿器の問題と解決

林　謙治

豊富なイラストとマンガで、前立腺・泌尿器の最新治療・手術をわかりやすく紹介。おしっこや性の悩みについても詳しく答える。

１４００

タキオンパワー

甲斐睦興

我々の周りには不思議なエネルギー「タキオン」が無尽蔵に存在している！　潜在能力をアップさせ病気を治す不思議な力。

１１６５

表示価格は本体価格　価格は将来変わることがあります。